PRICEWATERHOUSECOOPERS

discorsi

Herausgeber: Ricardo Díez-Hochleitner, Andreas J. Harbig

Auswege in die Zukunft

Herausgeber:
Ricardo Díez-Hochleitner
Andreas J. Harbig

Auswege in die Zukunft

Fakten und Positionen zur Welt
Impulse vom Global Dialogue der EXPO 2000

PRICEWATERHOUSECOOPERS
discorsi

Die Deutsche Bibliothek – CIP-Einheitsaufnahme

Auswege in die Zukunft : Fakten und Positionen zur Welt ; Impulse vom Global Dialogue der Expo 2000 / Price Waterhouse Coopers. Hrsg.: Ricardo Diez-Hochleitner ; Andreas J. Harbig. - Hamburg : Discorsi, 2002
ISBN 3-980 7330-3-3

Redaktion: Rhan Gunderlach, Berlin
Lektorat: Werner Wahls, Köln
Umschlaggestaltung und Satz: Hansisches Druck- und Verlagshaus GmbH, Hamburg
Titelillustration: IFA-Bilderteam, Maurimit
Druck und Bindung: Clausen & Bosse, Leck

Gedruckt auf chlorfrei gebleichtem und säurefreiem, alterungsbeständigem Papier. Die vor Verschmutzung schützende Einschweißfolie aus umweltschonender PE-Folie sowie aufgeklebte Etiketten sind recyclingfähig.

Printed in Germany
ISBN 3-9807330-3-3

Inhalt

Inhalt

Vorwort

Brennende Fragen unserer Zeit

Ricardo Díez-Hochleitner

In Seattle (1999) gingen 50.000 Menschen gegen die Tagung der Welthandelsorganisation (WTO) auf die Straße, 2001 in Genua waren es schon 200.000, die gegen den Gipfel der acht mächtigsten Staaten der Welt demonstrierten. Menschen aus den unterschiedlichsten Protestgruppen, aber allesamt Globalisierungsgegner, zumindest aber -skeptiker. Im Jahr 2002 fand in Porto Alegre im Süden Brasiliens parallel zum World Economic Forum (WEF) in New York das Weltsozialforum (WSF) statt. Es war 2001 ins Leben gerufen worden, um „einerseits ‚von unten' und andererseits aus dem Süden zivilgesellschaftliche Alternativen zur gegenwärtigen Form der neoliberalen, konzerngetriebenen Globalisierung zu entwickeln [...]. Im sommerlichen Porto Alegre herrschte Volksfeststimmung", so beschreiben die Mitglieder von Attac, der Bewegung für eine solidarische Weltwirtschaft, auf ihrer Website diese Veranstaltung.

Sicher ist, dass angesichts von 50.000 Teilnehmern, darunter 15.000 Delegierte, die über fünftausend verschiedene Organisationen repräsentierten, von einer breiten Bewegung gesprochen werden kann. Es sind nicht länger eine Hand voll „Ängstliche", „notorische Weltverbesserer " oder „Altlinke", und alle waren nach Brasilien gereist, um gegen eine Politik zu demonstrieren, die den globalen ökonomischen Prozessen gegenüber macht- und hilflos ist. Sie waren gekommen, um gegen eine unkontrollierte Profitgier multinationaler Unternehmen zu demonstrieren: gegen die Tatsache, dass die Einnahmen der 200 größten Unternehmen mehr als einem Viertel der weltweiten Umsätze entsprechen; gegen die Tatsache, dass 20 Prozent der Weltbevölkerung über 85 Prozent des Reichtums verfügen, gleichzeitig aber weltweit 1,2 Milliarden Menschen mit weniger als einem Dollar am Tag auskommen müssen; und gegen die Tatsache, dass 800 Millionen Menschen an Unterernährung leiden und ein Drittel der Menschheit zu verdursten droht.

Diese neue „Internationale der Solidarität“, die friedlich gegen die Auswüchse der Globalisierung kämpft, macht hoffen, freilich unter der Prämisse, dass diese sich nicht von Aktivisten mit egoistischen Machtinteressen instrumentalisieren lässt. Globalisierung ist ein Prozess, der nicht mehr aufgehalten werden kann. Er kann und soll allen dienen, darf nicht Völker, Interessengruppen, Menschen marginalisieren, darf nicht zum Vorteil einiger weniger werden.

Vielleicht stehen wir an einem Wendepunkt. Vielleicht sind wir nun bereit zu erkennen, dass Armut nicht nur eine Sache irgendwelcher Afrikaner ist, weit weg vom eigenen Herd, dass Kinderarbeit nicht nur eine Sache irgendwelcher Südostasiaten ist, weit weg von der Wiege unseres eigenen Nachwuchses. Vielleicht haben wir nicht zuletzt durch die Terroranschläge auf die Türme des World Trade Centers und das Pentagon erkannt, dass auch der vermeintlich starke, reiche Westen verletzbar ist. Kein Land vermag sich mehr abzuschotten, jede Nation ist Teil einer einzigen, kleiner gewordenen Welt. Um aber gemeinsame Ziele zu entwickeln, bedarf es eines guten Willens und vor allem eines neuen Ethos. Weg vom Hedonismus, hin zu mehr Mitgefühl. Was

Psychologen als Empathie beschreiben, das gilt auch für das Miteinander der Nationen.

Dabei geht es nicht darum, dass die Erste Welt von nun an auf alle Annehmlichkeiten verzichtet. Zentralheizung, fließendes Wasser und ein Auto schließen, um es mit den Worten von Miranda Greenstreet, einer Vertreterin der Afrikanischen Vereinigung für Gesundheit, Umwelt und Entwicklung, zu formulieren, „mehr Hilfe ohne Korruption, mehr Chancengleichheit, Gerechtigkeit, Fairness, den Aufbau von Bündnissen und die Stärkung der Zivilgesellschaft" nicht aus.

Wie aber diese Ziele erreichen? Unabdingbar ist der Dialog, wirkliche Gespräche zwischen Menschen, für die Begriffe wie Code of Conduct, Global Citizenship, Global Social Responsibility und Stakeholder Balance nicht nur leere Worthülsen sind. Deshalb sind Treffen, wie sie auf der EXPO 2000 auf den Global Dialogues stattgefunden haben, von so großer Bedeutung. Noch nie zuvor hatten sich so viele internationale Organisationen, Institutionen, Unternehmen, Politiker, Wissenschaftler, Künstler, Nichtregierungsorganisationen und Praktiker zusammengefunden, um einige der brennendsten Fragen unserer Zeit zu besprechen und Lösungsstrategien zu erarbeiten.

Natürliche Ressourcen: nachhaltige Herausforderung; Weltgesellschaft politisch verantwortlich gestalten; Wissenschaft und Technik – Die Zukunft denken; Wege aus der Armut: soziale Innovationen und neue Allianzen; Ländlicher Raum im 21. Jahrhundert: Arbeit, Technologie und nachhaltige Politik; Gesundheit – Schlüssel zur Entwicklung der Menschheit; Wege zur Lerngesellschaft – Wissen, Information und menschliche Entwicklung; Kultur in Bewegung; Arbeiten im 21. Jahrhundert – nachhaltiges Wirtschaften und soziale Verantwortung; Zukunft braucht globale Partnerschaft.

Das waren die Themen, und organisiert wurden diese Foren von der EXPO 2000 im Verein mit so renommierten internationalen Institutionen wie der UNESCO, dem Stockholm Environment Institute, der Society for International Development, der WHO und der Weltbank. Und eine Vielzahl hochkarätiger Gäste unterstrich mit ihrer Präsenz die Wichtigkeit der Veranstaltungen.

Der 10. und letzte Global Dialogue, *Zukunft braucht globale Partnerschaft*, nahm dabei einen besonderen Platz ein: Dieses Forum wurde hauptsächlich von jungen Menschen bestritten, Menschen, die sich bereits durch verantwortliches Handeln hervorgetan haben. Diese Entscheidungsträger von morgen, insgesamt fünfzig junge Erwachsene aus fünf Kontinenten und 37 Staaten, waren eingeladen worden, um ihre Zukunftsentwürfe den Thesen der vorausgegangenen neun Global Dialogues kritisch gegenüberzustellen und mit der *Declaration of Hanover* eine Diskussions- und Handlungsgrundlage für weitere Gespräche zu formulieren. Ein vorbildliches Unterfangen, sind doch sonst die Stuhlreihen bei den Kongressen hauptsächlich von ergrauten soignierten Damen und Herren besetzt. Die Verantwortlichen von morgen aber, diejenigen, denen wir in Kürze das Ruder übergeben, werden außen vor gelassen. Auch in dieser Hinsicht war der Global Dialogue richtungsweisend.

Die Global Dialogues waren, so hoffe ich, ein Anfang, dem viele weitere Dialoge folgen werden. Denn wie auch UN-Generalsekretär Kofi Annan immer wieder beschwört: Das Gespräch bringt die Menschen einander näher, und nur so kann die Sprachlosigkeit zwischen den unterschiedlichen Welten und Kulturen überwunden werden.

Ich freue mich, dass die Frauen und Männer von PricewaterhouseCoopers die Wichtigkeit des Dialogs erkannt und das Erscheinen dieses Buches ermöglicht haben.

Einleitung

Dialog als Experiment

Rhan Gunderlach

Vom 1. Juni bis zum 31. Oktober 2000 fand in Hannover die EXPO 2000 statt. Sie hatte sich zur Aufgabe gestellt, auf den Umbruch aufmerksam zu machen, vor dem unsere Welt an der Schwelle zum neuen Millennium steht. Nach den Erfahrungen der letzten hundert Jahre konnte diese Weltausstellung, zumal sie auf deutschem Boden stattfand, keine kritiklose Leistungsschau sein, das Zur-Schau-Stellen der wirtschaftlichen Potenz der Länder konnte nicht länger im Mittelpunkt stehen. Mit dem Motto „Mensch – Natur – Technik" wollte die EXPO 2000 einen Beitrag zur Bewältigung der Herausforderungen im kommenden Millennium leisten. „Es ging nicht darum, nur schöne, perfekt gemachte Ausstellungen zu zeigen – wir wollten Anstöße geben und Unternehmungen vorstellen, in denen das Projekt Zukunft schon heute Gestalt annimmt", so EXPO-Chefin Birgit Breuel.

Also lud man Nationen, Nichtregierungsorganisationen, Initiativen, Institutionen, Projekte, Wissenschaftler und kreative Persönlichkeiten ein, Ideen und Vorschläge für eine gemeinsame Lösung für morgen zu erarbeiten. Im Zentrum stand als eigener Beitrag der Dreiklang aus Themenpark, weltweiten Projekten und den Global Dialogues.

Der Themenpark präsentierte einem Weltpublikum Probleme und Lösungen in einer faszinierenden Erlebnis- und Erfahrungslandschaft.

Mit den weltweiten Projekten betrat die EXPO 2000 gleich in mehrfacher Hinsicht Neuland. Zum ersten Mal fand die Weltausstellung nicht nur auf dem Ausstellungsgelände statt, sondern auf der ganzen Welt, und zwar vor, während und nach der EXPO. Jedes sorgfältig ausgewählte Projekt stellte bereits funktionierende Lösungen für Probleme von morgen dar. Als offizielle EXPO-Projekte wurden 280 so genannte Best-Practice-Beispiele in Deutschland und 487 in 124 weiteren Ländern anerkannt.

Der Global Dialogue – zehn Diskussionsforen im 14-tägigen Rhythmus – bildete das intellektuelle Rückgrat der Weltausstellung. Rund 5.000 Fachbesucher aus allen Teilen der Welt kamen zu den Workshops, Symposien, Vorträgen und Talkshows nach Hannover, um über die Kernfragen unserer Zeit zu sprechen, zu diskutieren und gemeinsame Lösungsansätze zu finden.

Das Besondere am Global Dialogue war das Zusammenwirken der unterschiedlichsten Interessengruppen und Disziplinen. Üblicherweise wird fachspezifisches Wissen innerhalb geschlossener Zirkel thematisiert und diskutiert. Entsprechend der abendländischen akademischen Tradition wird Wissen in Fächer aufgeteilt und in den einzelnen Fakultäten gepflegt. Biologie, Geschichte, Chemie, Physik und Literatur – jedes Fach wird für sich und losgelöst von anderen Fächern behandelt. Dabei wissen wir, dass z. B. die Abkehr vom geozentrischen Weltbild oder die Erkenntnis der Evolutionstheorie ihren unmittelbaren Niederschlag in Literatur, Musik und Malerei fanden.

Der Global Dialogue war in seiner Interdisziplinarität und Größe ein mutiges Unterfangen. Noch nie zuvor hatten sich so viele Experten und Interessierte zu einer so breiten Themenpalette zusammengefunden. Die Beteiligten waren sich einig, dass eine Vernetzung der einzelnen Disziplinen über territoriale Grenzen hinweg, wie sie der Global Dialogue ermöglichte, angesichts der weltweiten Informationsakkumulation wichtiger ist denn je. Man war sich auch einig, dass der Global Dialogue kein einmaliges Experiment gewesen sein darf. Deshalb gründeten Verantwortliche der EXPO 2000 noch während der Weltausstellung den Verein Global Partnership, dem derzeit Ernst Ulrich von Weizsäcker vorsteht. Außerdem wurde vorliegendes Buch in Angriff genommen, um ein „Stück Global Dialogue“ zu erhalten.

Dieses Buch ist keine Dokumentation des gesamten Global Dialogue. Vielmehr war es unsere Absicht – in der Überzeugung, so der Fülle und Komplexität des Global Dialogue am besten gerecht zu werden –, die Türen zu den Themen lediglich ein Stück weit zu öffnen, um die Leser zu ermutigen und zu verleiten, die Themenkomplexe selbst zu erkunden und sich so mit einigen der wichtigen Fragen unserer Zeit auseinander zu setzen.

Dabei konnte auf eine Fülle exzellenten Materials zurückgegriffen werden, waren doch herausragende Persönlichkeiten bis hin zu Nobelpreisträgern auf dem Global Dialogue versammelt. Ihre Reden und Gespräche bildeten den reichen Fundus, aus dem dieses Buch schöpfen konnte. Dabei wurde bewusst darauf geachtet, den gesprochenen Charakter der Beiträge zu erhalten, allerdings nicht, ohne dem geschriebenen Wort Tribut zu zollen – ein nicht immer einfaches Unterfangen. Wir hoffen dennoch, Authentizität und Originalität der Reden und Gespräche erhalten zu haben.

Umwelt

Als sich Vertreter aus 172 Ländern, darunter etwa 3.000 Mitglieder nichtstaatlicher Organisationen, 1992 in Rio de Janeiro auf der UN-Konferenz für Umwelt und Entwicklung trafen, herrschte noch Aufbruchstimmung. Man war sich einig, dass es fünf Minuten vor zwölf war und dass die Folgen der Umweltverschmutzung endlich konzertiert angegangen werden mussten. Verabschiedet wurden eine Klima-, Artenvielfalt- und Desertifikationskonvention, eine Wald- und Wassererklärung und die Agenda 21.

Heute, nach den Nachfolgekonferenzen in Kioto (1997) und Bonn (2000), ist die Stimmung wesentlich gedämpfter: Der Ratifizierung des Kioto-Protokolls im Bundestag war ein unwürdiges Geschacher um CO_2-Quoten vorangegangen, die Amerikaner hatten sich erst gar nicht an den Verhandlungstisch gesetzt, und hatte man in Kioto noch vereinbart, die Treibhausgas-Emissionen der reichen Nationen bis 2008 um durchschnittlich 5,2 Prozent zu senken, gesteht nun das Bonner Protokoll den Ländern 2,5 Prozent mehr Schadstoffausstoß zu. Hinzu kommen die von der US-Regierung geplanten Kraftwerke. Werden diese in Betrieb genommen und die USA weigern sich weiterhin, ihrerseits etwas zur Schadstoffreduzierung beizutragen, drohen uns allein aus den USA 22 bis 29 Prozent mehr Treibhausgase.

Dabei fordert das Intergovernmental Panel on Climate Change (IPCC), ein internationaler, unabhängiger Zusammenschluss von weltweit renommierten Klima-Forschern, die Industrienationen auf, bis zur Mitte des Jahrhunderts die Emission der giftigen Gase um 80 Prozent zu reduzieren. Ansonsten, so die Wissenschaftler, würde sich die Temperatur, je nach Bevölkerungs- und Wirtschaftsentwicklung, um bis zu 5,8 Prozent erhöhen. Das wiederum hätte ein Ansteigen des Meeresspiegels, Überschwemmungen von küstennahen Gebieten (Bangladesch beispielsweise würde dann zu einem Drittel dauerhaft unter Wasser stehen) und weniger Niederschläge in subtropischen Regionen (die Sahel-Zone würde verwüstet) zur Folge. Diese klimatischen und tektonischen Veränderungen würden in einem Teufelskreis von Missernten, Armut, Hunger, Seuchen und Tod münden.

Auch auf dem ersten Global Dialogue fanden sich viele Mahner, die zu vermehrten Anstrengungen aufriefen. Von konkreten Maßnahmen wie Wissenstransfer an Landfrauen in armen Ländern bis hin zum generellen Überdenken unserer Werte: Drei Tage lang wurde in zahlreichen Arbeitsgruppen, die thematisch in Ökosysteme, Wasser, Energie, Wälder und Märkte untergliedert waren, diskutiert, und in einem waren sich alle fünfhundert Teilnehmer einig: Bislang ist viel zu wenig passiert. Einer der prominentesten Teilnehmer des ersten Global Dialogue, Jakob von Uexkull, sprach sogar von einer Bankrotterklärung.

Mit dem Stifter des alternativen Nobelpreises diskutierten die einstige Greenpeace-Aktivistin und heutige SPD-Bundestagsabgeordnete Monika Griefahn und Fritz Vahrenholt, früherer Vorstand bei Shell Deutschland.

„Wir brauchen neue Allianzen“

Monika Griefahn, Jakob von Uexkull und Fritz Vahrenholt im Gespräch

Jakob von Uexkull: Die Vernetzung der Umweltschäden, auch der langfristigen Schäden, stellt eine besondere Herausforderung dar. Aber es ist ja nicht so, dass wir nicht wüssten, was wir zu tun hätten, und das nicht erst seit Stockholm, sondern schon seit Rio. Leider muss ich sagen: Wir haben versagt. Sehen wir uns die Berichte an – sei es der OECD, der EU oder des World Watch Institute. Sie alle besagen, dass die Umweltsituation sich verschlechtert. Die Zerstörung geht weiter.

Die OECD weiß zu berichten, dass es weit mehr Beispiele gibt, die eine Verschlechterung der Situation belegen, denn eine Verbesserung. Das gilt auch für die reichen und umweltbewussten Länder. Das ist eine unglaubliche Bankrotterklärung. Dabei ist das Bewusstsein der Bürger durchaus geschärft. Es wurde hier auf dem Global Dialogue z. B. eine Umfrage mit dem Titel Environmental Monitor präsentiert. In 27 Ländern wurden Menschen befragt, ob sie Angst haben, dass die jetzige Umweltpolitik die Gesundheit ihrer Kinder und Enkelkinder schädigt und schädigen wird. Eine riesige Mehrheit hat in der Tat Angst. In China waren es 90 Prozent, in den USA 82 Prozent. Sie wurden auch gefragt, was wichtiger sei, eine gute Umweltpolitik oder billige Preise und mehr Jobs. In 25 von 27 Ländern wurde gesagt, die Umwelt sei wichtiger, sogar in den USA und in China. Und wenn sie dann sehen, was tatsächlich passiert, ist das eine unfassbare Bankrotterklärung.

Nach OECD-Studien belaufen sich in den reichen Ländern die Kosten für die Einhaltung des Kioto-Abkommens, also die Ausgaben zur Senkung der CO_2-Emission, auf 0,25 bis 1 Prozent des Bruttosozialprodukts. Und trotzdem behaupten manche reichen Länder, sie könnten sich das nicht leisten! Oder nehmen Sie das Öl: Experten geben zu, dass selbst bei konstantem Verbrauch das Erdöl in vierzig Jahren ausgehen wird. Trotzdem wird auf die Saudis Druck ausgeübt, sie sollen doch bitte mehr produzieren, damit die Preise stabil bleiben, obwohl sie eigentlich schon längst hätten steigen müssen!

Das ist in erster Linie ein Versagen der Wirtschaft, denn die Wirtschaft hat sich in Rio ganz klar zu einer besseren Umweltpolitik bekannt. „Vertraut uns, wir übernehmen das. Das ist eine globale Frage, wir sind global organisiert, wir werden das schon machen", so hieß es. Während Vertreter vom World Business Council for Sustainable Development sich in Rio für die Einbeziehung der Umweltkosten in die Produktionskosten ausgesprochen haben, hintertrieb die Internationale Handelskammer dieses Bekenntnis. Sie betrieb starke Lobbyarbeit, damit keine bindenden Vereinbarungen getroffen werden. Und jetzt schauen Sie sich die Mitgliederverzeichnisse beider Organisationen an. Das sind zum größten Teil dieselben Firmen. Und noch heute hat das World Business Council so bekannte „Umweltschützer" wie Monsanto und Nestlé als Mitglieder. Da kann ich doch nur fragen, wo sind die Instrumentarien für eine effiziente Umweltpolitik? Es gibt sie nicht. Es gibt keine Distanz zu den

Unternehmen, es gibt auch keine Verurteilung der Unternehmen, die, oft subventioniert, die Zukunft unserer Kinder vergiften.

Wenn man das heute nicht ganz klar sagt und sich davon nicht ganz klar distanziert, dann ist das, wie man im Englischen sagt, Greenwashing, dann ist das PR. Dafür ist es jetzt zu spät. Für kleine Schritte ist es jetzt zu spät. Wir brauchen die großen Schritte. Es gibt Gott sei Dank einige Unternehmen, die das erkannt haben, und die müssen unterstützt werden. Entsprechend müssen die anderen, die Mehrheit, verurteilt werden.

Fritz Vahrenholt: Herr von Uexkull, ich möchte Ihnen widersprechen. Es geht auf dieser Welt etwas differenzierter zu.

Ich glaube, Ihre Behauptung, in unserer Welt werde immer mehr Umwelt zerstört, stimmt so nicht. In Wahrheit ist es so, dass wir hier in den entwickelten Staaten Mitteleuropas in den letzten 20 Jahren eine unglaubliche Verbesserung der Umweltqualität feststellen können. Das sehen wir jeden Tag in Deutschland, in Skandinavien, in den Industriestaaten allgemein.

Und gleichzeitig wissen wir, und da haben Sie vollkommen Recht, dass in den sich entwickelnden Regionen die Welt zusammenbricht. Wir wissen auch, dass die wesentlichen Ursachen Armut, Unterentwicklung und vor allem die Bevölkerungsexplosion sind. Ein Planet, der in fünfzig Jahren zusätzliche drei Milliarden Menschen ernähren muss, wird dies nur tun können, wenn in der gleichen Zeit die Güter und Dienstleistungen, die wir alle benötigen, die dann neun Milliarden Menschen benötigen, auf eine viel umweltfreundlichere Art produziert werden. Wir müssen also in den nächsten fünfzig Jahren technologische Sprünge erzielen. Das ist die Lösung, die ich mir wünsche und an der wir auch arbeiten.

Ich gebe Ihnen insofern Recht, als die Durchsetzungskraft von Nationen begrenzt ist. Nehmen wir die USA, die mit Sicherheit in der Klimafrage nicht sehr weit vorne stehen. Aber das ist ein Reflex auf die Bedürfnisse der Bevölkerung. Denn im Gegensatz zu Ihnen, Herr von Uexkull, glaube ich nicht, dass die Menschen dort mit einer Verdoppelung oder Verdreifachung der Benzinpreise einverstanden wären. Noch einmal: Die Reichweite der Nationalstaaten ist der globalen Gefährdung nicht angemessen. Wir stehen am Abgrund, und sie werden immer handlungsunfähiger. Ich würde als These formulieren, dass es deshalb die großen Unternehmen sind, die verantwortlich agieren müssen, indem sie auf ihre Marken achten. Marken wie DaimlerChrysler oder Shell oder BP, die können sich heute eine Umweltsauerei in Kolumbien gar nicht mehr leisten.

Das ist eine neue Chance. Natürlich war das nicht immer so. Es hat sich gezeigt, dass die Verbraucher im Zusammenklang mit Öffentlichkeit und Medien die Konzerne dazu zwingen können, sich anständig und zukunftsfähig zu benehmen, und zwar überall auf der Welt. Das war nicht immer so, früher gab es verschiedene Maßstäbe. Da wurde in Indien anders produziert als in Deutschland. Das ist nicht mehr akzeptabel und kann nicht mehr durchgehalten werden.

Jetzt stellt sich die Frage: Wie können wir das, was an neuen Standards entstanden ist, demokratisch legitimieren? Denn das ist ja noch nicht der Fall. Es liegt an uns allen zu überlegen, wie wir neue Allianzen schaffen können. Wir müssen dafür Sorge tragen, dass die Nichtregierungsorganisationen, die so genannten NGOs, sozusagen das Sprachrohr der Natur bleiben und die multinationalen Konzerne zwingen, auf dem Weg der Nachhaltigkeit zu bleiben. Mein Vertrauen in die Nationalstaaten ist wie das von Herrn von Uexkull relativ gering, weil sich die Regierungen alle vier Jahre dem Wähler stellen müssen, und der Wähler ist nicht bereit, einen dreifachen Benzinpreis zu akzeptieren, da können sie noch so gut argumentieren. Die Regierung, die das fordert, wird abgestraft.

Monika Griefahn: In den achtziger Jahren haben wir vorwiegend eine Reparaturpolitik betrieben, das heißt, wir haben versucht, mit Filtern an den Schornsteinen oder mit Kläranlagen zu säubern. Unsere heutigen Probleme sehen aber anders aus. Heute geht es um die Nachhaltigkeit, darum, wie wir mit Ressourcen umgehen. Wir haben heute einen fünftausendfach höheren Bodenverbrauch als -neubildung. Wir verbrauchen in einem Jahr so viele Energiereserven, wie die Sonne über eine Million Jahre hinweg hergestellt hat.

Wir stellen immer noch Produkte her, die eigentlich nicht darauf ausgelegt sind, in den Kreislauf, sei er nun biologisch oder technisch, zurückzuwandern. Sie sind hinterher schlicht Müll! Und wir handeln innerhalb unserer Gesellschaft mit derselben Mentalität. Menschen sind bei uns nur so lange gut, wie sie aktiv sind, danach sind sie auch Müll, dann schicken wir sie in Rente. Wir brauchen also neben der rein technischen Entwicklung eine kulturelle Revolution.

Die technischen Lösungen sind vorhanden, wir müssen sie nur umsetzen. Es gibt Stoffe, die kompostierbar sind, keinen Sondermüll darstellen; es gibt Computer, die demontierbar sind und deren Materialien in gleicher Weise wieder verwendet werden können. Oder nehmen wir die Sonne, worin Herr Vahrenholt sehr engagiert ist. Setzen wir uns das Ziel, in fünfzig Jahren nur noch Sonnenenergie zu nutzen und nichts anderes mehr, keine fossilen Energieträger.

Wir dürfen nicht unser zynisches westliches Modell, in dem 20 Prozent der Menschheit 80 Prozent der Ressourcen verbrauchen, als Modell hinstellen. Bei der Rentenproblematik gibt es deutliche Parallelen. Wir verplanen die zukünftigen Generationen, die können gar nicht mehr selbst entscheiden. Das ist undemokratisch. Und eine fünftausend Mal so hohe Bodenneubildung kriegen wir nicht hin, wir müssen schon eine andere Art der Produktion und der Kreislaufführung hinbekommen.

Das ist auch eine kulturelle Frage. Es ist nicht nur politisch zu lösen, die Nationalstaaten, da gebe ich ihnen Recht, haben ihre Grenzen. Es ist von Unternehmen mit zu lösen. Eine Kernfrage ist dabei natürlich der Widerspruch zum Shareholdervalue. Es funktioniert nicht, wenn ich weiß, dass ich den Gewinn von Jahr zu Jahr maximieren muss, und deshalb die Lösung der Umweltprobleme auf die Gesellschaft abwälzen möchte. Da muss man eingreifen. Es muss die Einsicht stattfinden, dass man Gewinne dadurch macht, dass die Produkte umwelt- und sozialverträglich sind, keine Kriege auslösen, keine Wassernöte, keine Bodenerosionen. Daran muss ein Unternehmen selbst Interesse haben. Ich glaube, es gibt einige Unternehmen, die da tatsächlich führend sind und das auch tun. Aber es hängt von Personen ab, und die müssen unterstützt werden.

Jakob von Uexkull: UN-Generalsekretär Kofi Annan hat erst kürzlich vor den Vereinten Nationen gesagt, die Globalisierung hat einigen genützt, einigen eher geschadet. Daraufhin stand ein Vertreter des Third World Network auf und sagte: „Das ist nicht der Fall. Nur wenige haben Nutzen daraus gezogen, viele haben dadurch verloren und verlieren immer noch.“ Eine Aussage, die bei den meisten NGOs große Zustimmung fand. Und das ist auch die Wahrheit. Globalisierung ist eine Phrase, eine Erfindung, um die amerikanische wirtschaftliche Dominanz über andere Länder zu umschreiben. Es ist der letzte Versuch, den Grenzen des nationalen Wachstums zu entkommen und auf den Feldern anderer Staaten zu wachsen.

Wir brauchen eine Globalisierung, aber nicht die, die wir im Moment haben, die ist nur für die Reichen. Für die gibt es schon lange eine Welt ohne Grenzen. Wenn Arme an der Globalisierung teilnehmen wollen, wo enden sie? Sie enden erfroren in einem LKW in Dover. Das ist die Realität. Globalisierung ist für die Reichen. Wenn wir das zugeben, dann können wir anfangen.

Es sind viele Reformen nötig, damit Globalisierung ein fairer Prozess wird. Ohne diese Reformen, vor allem innerhalb des Handels und der Finanzen, befürchte ich, wird es zu einer Revolte kommen, und es wird eine sehr intolerante Revolte sein. Denn jede materialistische Gesellschaft, das hat uns die Geschichte gelehrt, die nicht fair war, die Teilen nicht als Wert betrachtete, endete so.

Fritz Vahrenholt: Nachhaltigkeit darf nicht nur als Umweltschutz verstanden werden: Umweltschutz, soziale Gerechtigkeit und wirtschaftliches Wachstum, das ist der Dreiklang, den man zusammenbringen muss. Das geht nicht ohne das Wissen der großen Unternehmen und nicht ohne die Kontrolle internationaler Organisationen der Staatengemeinschaft und der NGOs. In diesem Punkt müssen wir besser miteinander kommunizieren, voneinander lernen: Shell kann von Greenpeace lernen, Greenpeace von Shell. Angesichts der enormen Probleme können wir uns doch die alten Grabenkämpfe der siebziger Jahre gar nicht mehr leisten. Es ist an der Zeit, neue Allianzen zu bilden. Man darf natürlich nicht vergessen, welche Rolle man zu spielen hat, aber ich denke, Globalisierung ist eher eine Chance denn ein Risiko.

Gesellschaft

Imagine ...

Stellt euch vor, dass die UN-Konventionen Wirklichkeit werden: Das Recht einer jeden Frau und eines jeden Mannes auf ein erfülltes Leben wird anerkannt und gefördert.

Stellt euch vor, dass der Schutz des Lebensunterhalts zum Hauptziel der Politik wird: Wasser, Land, Fischgründe und Wälder werden unterhalten und fair geteilt.

Stellt euch vor, dass die Wirtschaft diesen Zielen dient: Die Menschen entscheiden demokratisch, wohin und wie viel und an wen finanzielle Mittel verteilt werden.

Stellt euch vor, dass Demokratie ernst genommen wird: Wir würden uns darüber freuen, dass die Machtlosen im öffentlichen Leben Mitspracherecht haben und die Mächtigen sich in Zurückhaltung üben.

Man könnte nun sagen, das sei ein Traum. Aber genau das wird von einer verantwortlichen Regierung in einer globalen Gesellschaft verlangt.

Mit diesen Worten, frei nach John Lennon, hatte die Society for International Development, eine Institution mit mehr als dreitausend Einzel- und 55 institutionellen Mitgliedern, ihren Global Dialogue angekündigt. Drei Tage lang sollten mehr als 150 Experten und die EXPO-Gäste diskutieren, wie diese Visionen in die Praxis umgesetzt werden können.

So geht es jedenfalls nicht mehr weiter, darin waren sich alle Teilnehmer einig: Seit den fünfziger Jahren hat sich der weltweite Reichtum verfünffacht und der weltweite Handel verzehnfacht, wohingegen die Schere zwischen Arm und Reich noch größer geworden ist. Damals waren die Reichen 30 Mal, heute sind sie sogar 78 Mal reicher.

Aber wie dieser Wandel zu vollziehen ist, wie man das große Nord-Süd-Gefälle überwinden kann, darüber war man erwartungsgemäß verschiedener Meinung, waren doch die unterschiedlichsten Interessenvertreter nach Hannover gekommen: Politiker, Banker, Vertreter der Wirtschaft, NGO-Mitglieder, UN-Repräsentanten und Wissenschaftler.

Folgende Punkte wurden besonders kontrovers diskutiert:

Schuldenerlass

Vor allem von den Vertretern der NGOs wurde ein totaler Schuldenerlass für die ärmsten Staaten gefordert. Dem pflichtete sogar Ismail Serageldin, Vizepräsident der Weltbank, bei. Schuldenerlass sei notwendig, so Serageldin, allerdings wehrte er sich gegen einen einseitigen Angriff auf seine Institution. Die Weltbank, so Serageldin, könne einen totalen Schuldenerlass nicht alleine entscheiden, da hätten die Nationen mitzubestimmen.

Supranationale Institutionen contra Nationalstaaten

Eine zweite konkrete Maßnahme, die des Öfteren, vor allem von Seiten der NGOs, laut wurde, war die Ersetzung der supranationalen Finanzinstitutionen WTO (Welthandelsorganisation), IWF (Internationaler Währungsfonds) und Weltbank durch Institutionen mit direkten Eingriffsmöglichkeiten in die Staaten. Auch Alain Lipietz, Vertreter der französischen Grünen im Europäischen Parlament, war für eine stärkere Regulierung auf internationaler Ebene. Die Nationen, so Lipietz, könnten doch oft gar nicht im Sinne ihrer Bürger handeln, weil die global agierenden Multikonzerne die Spielregeln bestimmten. Den mächtigen Multis könne man aber nur mit Interventionen auf internationaler Ebene begegnen.

Eine These, die auf starken Widerstand stieß. Es ginge doch nicht an, so z. B. Uschi Eid, Staatssekretärin im deutschen Bundesministerium für wirtschaftliche Zusammenarbeit und Entwicklung, dass NGO-Vertreter aus Bangladesch zu ihr nach Berlin kämen, um über ein Staudammprojekt zu sprechen. Direkte Interventionen der reichen Industrienationen seien Paternalismus, den sie nicht gutheißen könne.

Damit wurde ein grundsätzliches Dilemma deutlich. Bei der WTO-Tagung 1999 in Seattle, als die USA Handelssanktionen gegen Länder angedroht hatten, die nicht bereit seien, bestimmte Arbeitsstandards einzuhalten, sprach John Richardson, damals EU-Botschafter in den USA, sogar von Imperialismus.

Aufruf zu einer neuen Moral

Auf der dreitägigen Konferenz wurde sehr viel über Moral und Verantwortung gesprochen. So meinte Shoab Sultan Khan vom UN-Entwicklungsprogramm UNDP, eigentliche Verursacher der Armut seien letztlich nicht die Finanzen, sondern eine schlechte bzw. fehlende Moral. Und auf der Talkshow des 1. Konferenztages war es vor allem der einstige Premierminister der Niederlande und künftige UN-Flüchtlingshochkommissar, Ruud Lubbers, der vehement für eine, wie er es nannte, Politik der Generosität eintrat. Smitu Kothari, Philosoph und bekannter Aktivist, hielt dagegen, dass schöne Worte allein nichts bewirken. Im Gegenteil, er kritisierte diese neue Kultur der Sprache, die nur eine Maske sei.

Mehr Gerechtigkeit – aber wie?

Statements von Ruud Lubbers und Smitu Kothari

Ruud Lubbers: Wie kann man global eine soziale Gesellschaft verwirklichen?

Ich möchte drei Punkte ansprechen:

Erstens: Angesichts des großen wirtschaftlichen Erfolgs einiger weniger Gesellschaften beziehungsweise des Erfolgs einer kleinen Schicht innerhalb dieser Gesellschaften müssen wir enormen Druck auf die Politiker ausüben, damit diese wohlhabende Schicht großzügiger wird, und ich meine damit nicht nur den Schuldenerlass. Wir müssen Mechanismen finden, um die Armut zu bekämpfen und Bildung und Chancengleichheit für alle zu gewährleisten. Mein erster Punkt besteht also aus einem einzigen Wort: Großzügigkeit. Dies ist eine große Herausforderung für die mächtigsten und reichsten Länder, sie müssen zeigen, dass sie bereit sind zu helfen.

Natürlich haben auch reiche Nationen ihre Probleme. Aber wir müssen lernen, dass wirtschaftlicher Erfolg nicht alles ist. Wir müssen erkennen, dass es auch andere Werte gibt. Sogar unsere Sprache ist mittlerweile infiziert: Wir reden von Humankapital, wir reden über menschliche Ressourcen, aber eigentlich meinen wir doch Menschen. Wir werden von der Wirtschaft bestimmt, und es gibt nur einen Weg heraus: die verschiedenen Arten der Großzügigkeit.

Zweitens: Um eine menschliche Gesellschaft zu verwirklichen, muss man bei den Menschen selbst anfangen, bei allen Menschen. Also brauchen wir eine neue Botschaft. Diese Idee habe ich auf dem Gipfel in Rio mit Michail Gorbatschow aufgegriffen, und wir haben daran gearbeitet. Wir haben versucht, die grundlegenden Ideen der Mitmenschlichkeit festzuhalten. Folgende Punkte sind dabei herausgekommen: die Fürsorge für die Nachbarn, für ungeborene Kinder, sogar für die Tiere, die um uns sind. Wir haben ein Konzept ausgearbeitet, das wir als Blaupause benutzen können. Wir können die Leute ja nicht bevormunden und ihnen sagen, so und so müsst ihr das machen. Und es ist ja nicht so, dass es nicht bereits buchstäblich Millionen von Menschen gäbe, die bereits aktiv mitmenschlich leben. Aber diese Menschen brauchen dabei unsere Unterstützung. Also ist mein zweiter Punkt: Wir brauchen für unser Projekt der Mitmenschlichkeit einen ethischen Rahmen. Wir brauchen Gefährten, wir brauchen eine Allianz. Wir können das nicht nur durch Politik erreichen.

Drittens: Ich möchte erreichen, dass die Zivilbevölkerung aktiv wird und den Firmen und Politikern sagt: „Ihr habt eine ungeheure Verantwortung. Wir werden es euch nicht gestatten zu zerstören. Wenn ihr in einem Land investiert, geht ihr Verpflichtungen ein. Ihr müsst euch dort um die Gemeinschaft kümmern, Sorge tragen, dass die Umwelt nicht zerstört wird, und Bildungsmöglichkeiten schaffen." Es muss völlig klar gemacht werden, dass die Unternehmen auf gar keinen Fall nur in ihrem eigenen Interesse handeln dürfen.

Nehmen wir die Medizin. Ich bin nicht gegen pharmazeutische Forschung, aber ich denke, dass in einer globalisierten Welt jeder das Recht haben muss, davon zu profitieren. Das bedeutet im Wesentlichen, dass der Preis der Medikamente in armen Ländern sehr niedrig und in reichen Ländern viel höher sein muss. Die Leute werden sagen: Das ist komisch, das ist nicht fair, denn jeder sollte denselben Preis zahlen. Aber wenn man mitmenschlich handeln will, muss man neue Spielregeln akzeptieren, auch wenn sie in unserem Wirtschaftsleben nicht normal sind. Und das ist nur ein Beispiel.

Wir brauchen also einen grundlegenden Wandel im Denken, in der Art, wie wir miteinander umgehen. Wir sagen zu oft ja, wir applaudieren der Macht. Wir sollten viel öfter einfach nein sagen, um unseren Protest auszudrücken. Die Tragödie des enormen Reichtums ist nicht nur der Unterschied, sondern auch, dass das zu einer machtlosen Welt führen kann. Wir müssen die Menschen mobilisieren und sie inspirieren.

Smitu Kothari: Ich schätze Ihre Offenheit und Sensibilität, aber ich fürchte, das reicht nicht. Die alltägliche ungerechte Behandlung ist so gravierend, dass wir als globale Gemeinschaft viel mehr tun müssen. Vor 15 Jahren wurde in der UNO darüber geredet, einen Verhaltenskodex für transnationale Gesellschaften zu entwickeln, aber das wurde nie verwirklicht. Es gab da wohl sehr einflussreiche politische Kräfte.

Wir brauchen eine massive politische Mobilisierung, und wir müssen die richtigen politischen Instrumentarien finden, denn wir suchen Antworten auf sehr schwierige Fragen. Die Mehrheit glaubt zum Beispiel, dass die wirtschaftliche Entwicklung nach dem gleichen Muster wie bislang weitergehen wird. Aber das ist nicht wahr. Unser derzeitiges Konsum- und Wirtschaftsmodell hat bereits jetzt sein ökologisches Limit erreicht. Denn wollten wir dieses Modell auf alle Menschen dieses Planeten anwenden, bräuchten wir fünf Planeten, allein um die notwendigen Ressourcen zu fördern und die anfallenden Müllberge zu entsorgen. Uns stehen aber keine fünf Planeten zur Verfügung.

Wenn wir unser derzeitiges Modell unverändert fortführen, wird eine Milliarde Menschen ins Hintertreffen geraten. Einige Regierungen und Minister reagieren angesichts dieser Tatsache, indem sie mal hier, mal da einem armen Land oder der Dritten Welt einige Millionen Dollar in die Hand drücken und sich als Wohltäter empfinden. Ehrlich gesagt finde ich das herablassend, es ist eine sehr oberflächliche und problematische Haltung. Ich denke, wir müssen viel grundlegender ansetzen. Wir müssen endlich damit beginnen, über den Konsum nachzudenken, wie es in einem der UN-Entwicklungsberichte bereits anklang. Doch diese Berichte haben einen Fehler: Sie werden zwar immer geübter darin, uns zu sagen, was mit der Welt nicht in Ordnung ist, doch mit Lösungsansätzen sind sie – freundlich ausgedrückt – sehr zurückhaltend.

Meiner Meinung nach gibt es ein paar Institutionen, die wir nicht mehr brauchen. Was wir brauchen, ist ein demokratisches Modell für internationale Institutionen, wir müssen das Wesen unseres globalen Wirtschaftssystems und unsere Organisationsstrukturen überdenken. Aber am wichtigsten ist, dass wir uns den bestehenden Problemen stellen. Wir können uns nicht länger mit diesen glatten, gut formulierten und raffinierten Erklärungen herausreden. Manchmal denke ich, das eigentliche Problem ist die immer raffinierter werdende Sprache der wichtigen wirtschaftlichen Institutionen und Politiker. Die Sprache wird immer glatter: „Wir sind alle Freunde, lasst uns zusammenarbeiten, lasst uns zusammen für eine nachhaltige Entwicklung sorgen." Aber wenn man diese Sprache zum

Abbild der politischen Kooperation formt, sieht man sich einer schrecklichen Maske gegenüber. Und wenn wir nicht anfangen, uns um die Ursachen der Probleme zu kümmern, um unsere Organisationsstrukturen und unsere Verantwortung als Konsumenten, dann werden wir weiterhin an der Oberfläche bleiben.

Wissenschaft

Wenn Edelgard Bulmahn als Bundesbildungsministerin einen Wunsch freihätte, dann müsste sie nicht lange überlegen, dann wäre die Wissenschaft genauso populär wie der Fußball. Die Entschlüsselung einer Genomsequenz würde dann an den Stammtischen genauso debattiert werden wie ein Pass von David Beckham an Michael Owen. „Ich will, dass alle mitreden können, wenn es um solch lebenswichtige Fragen der Menschheitsentwicklung geht", so äußerte sich die Ministerin auf dem 3. Global Dialogue, den ihr Ministerium gemeinsam mit der EXPO 2000 sowie dem Büro der deutschen Wissenschaft als Demonstration dieser neuen „Glasnost-Politik der Wissenschaft" organisiert hatte. Die Wissenschaft verlässt ihren Elfenbeinturm, wagt sich in die Arena, das war die Botschaft, und mit dabei waren allein zwölf Nobelpreisträger sowie der Erfinder der Antibabypille, Carl Djerassi, und Sir Robert May, Berater der britischen Regierung, um unter anderem über folgende, teils weit auseinander liegende Themen zu debattieren:

Wie sind wissenschaftliche Vorhersagen des Klimawandels oder eines Börsencrashs möglich? Wie hat sich das Universum entwickelt, und worauf stützen sich die Erklärungen über seinen Ursprung? Werden Menschen mit ihren Geräten durch Spracheingabe oder sogar mit Gesten kommunizieren können?

Aber einmal mehr zeigte sich, dass die Wissenschaftler in der Regel Probleme haben, Themen, und mögen sie noch so faszinierend sein, einer breiten Öffentlichkeit zu vermitteln. So beklagte sich eine Schülerin angesichts eines Vortrags des Physikers Franz von Feilitzsch: „Ich hätte ja Interesse an Wissenschaft, aber der erzählt hier was von

Neutrinos – und keiner erklärt, was Neutrinos eigentlich sind."

Carl Djerassi, selbst Professor für Chemie an der Stanford University, hält die Isoliertheit für ein hausgemachtes Problem. Den Wissenschaftlern gehe es nur um die Reputation in den eigenen Reihen. „Wenn das Publikum dagegen der Meinung ist, dass ich ein guter Wissenschaftler bin, dann spielt das keine Rolle."

Dabei ist die Wissenschaft gefordert, Verantwortung innerhalb der Gesellschaft zu übernehmen. Gerade ihr Wissensvorsprung verpflichtet die Wissenschaftler, sich an den gesellschaftspolitischen Prozessen zu beteiligen. Ob die Genomforschung zum Segen oder Schaden der Menschheit genutzt werden kann, ob die Gentechnologie den Hunger bekämpfen hilft oder die Kluft zwischen Arm und Reich eher vergrößert, ob die Mixtur aus Gentechnologie, Nanotechnologie und Robotik, kurz GNR, zum Horror der Menschheit wird – die Wissenschaft hat wesentlichen Anteil daran. Einer, der um diese Problematik bestens Bescheid weiß, ist Sir Robert May, seines Zeichens Chefberater der britischen Regierung in Sachen Wissenschaft. Der derzeitige Präsident der renommierten Royal Society hielt denn auch auf dem Global Dialogue eine für eine breite Öffentlichkeit verständliche Rede über die Wechselbeziehung von Politik und Wissenschaft vor allem am Beispiel Großbritanniens.

Der Auszug der Forscher aus dem Elfenbeinturm

Sir Robert May

Im 18. Jahrhundert versprach die britische Admiralität demjenigen ein Preisgeld von £ 30.000 – für die damalige Zeit ein Vermögen –, der eine zuverlässige Methode fände, auf See die Längengrade zu bestimmen. Diese Auslobung war erfolgt, nachdem eine Seeflotte auf Grund gelaufen und viele Seeleute dabei umgekommen waren. Einem Uhrmacher vom Lande, John Harrison, gelang das Kunststück, und damit war eine der Hauptgefahren der Seereisen der damaligen Zeit gebannt, denn jetzt konnte man mit Hilfe der Längen- und Breitengrade eine genaue Positionsbestimmung vornehmen, was bislang allein mit den Breitengraden nicht möglich gewesen war. Aber was damals wohl niemand ahnte: Damit war auch jene Grundlage geschaffen, die künftig die Weltmachtstellung Großbritanniens begründen sollte.

Bis zur zweiten Hälfte des 20. Jahrhunderts war in den westlichen Wirtschaftssystemen solch eine direkte Art staatlicher Unterstützung eher die Ausnahme. So paradox es klingen mag, aber ausgerechnet der 2. Weltkrieg führte zu einer massiven Förderung der Wissenschaft. Die hohen Investitionen in die Rüstung verhalfen zu Erkenntnissen und Errungenschaften, die auch im zivilen Bereich genutzt werden konnten: Raketenantrieb, Kernenergie, Radar, Computer und Antibiotika, um nur einige zu nennen. Plötzlich erkannten die Regierungen, dass die Unterstützung ihrer

Erfinder und Wissenschaftler bedeutende wirtschaftliche Früchte tragen konnte. Seit jener Zeit ist die Zahl der wissenschaftlichen Entdeckungen von Jahr zu Jahr sprunghaft angestiegen, was zu technologischen Fortschritten in so unterschiedlichen Bereichen wie Landwirtschaft, Gesundheit, Gebrauchsgegenstände, Transport und Unterhaltung führte. Die technologischen Fortschritte ihrerseits führten, vor allem in den Industriestaaten, zu einer Steigerung der Lebensqualität. Aber auch weniger entwickelte Länder haben davon profitiert und können eine Steigerung der Lebenserwartung und des materiellen Wohlstands verzeichnen.

Der technologische Fortschritt brachte jedoch auch unvorhergesehene Probleme mit sich, besonders im Bereich der Umweltverschmutzung und der Bioethik. In den sechziger Jahren machte Rachel Carsons Buch „Silent Spring" die Auswirkungen des Insektenvernichtungsmittels DDT auf die Fauna bekannt. Ende der siebziger, Anfang der achtziger Jahre entdeckten Meteorologen das von Fluorchlorkohlenwasserstoffen verursachte Loch in der die Erde schützenden Ozonschicht. Umweltkatastrophen wie die in Seveso, Bhopal und Tschernobyl trugen ebenso zu einer kritischen Haltung bei. Man begann die Fähigkeit zur angemessenen Selbstregulierung einer auf Wissenschaft basierenden Industrie zu bezweifeln. Und neue biomedizinische Technologien, wie zum Beispiel Organtransplantationen und künstliche Befruchtung, warfen neue ethische Fragen auf, die durch wissenschaftliche Argumente allein nicht zu beantworten waren.

In der Folge verbanden Regierungen ihre Unterstützung mit regulierenden Bestimmungen: Technologischer Fortschritt sollte die öffentliche Sicherheit nicht gefährden, und dieses Bedürfnis nach Regulierung bekam zunehmend globale Dimensionen, lassen sich doch weder Segen noch Fluch der Technik von Schlagbäumen abhalten. Basierten diese regulierenden Strukturen anfangs vornehmlich auf engen, mathematisch berechneten Definitionen der Risikovermeidung, so beobachten wir nun, im 21. Jahrhundert, dass dies offensichtlich nicht mehr reicht. Technologie wird zusehends im Kontext von Moral und Ethik diskutiert.

Tagtäglich musste ich in den letzten fünf Jahren überlegen, wie eine Regierung beiden Rollen, nämlich der als Förderer und der als Kontrolleur von Forschung und technologischem Fortschritt, gerecht werden kann. Meine Amtszeit als wissenschaftlicher Berater fiel mit einer menschlichen Errungenschaft zusammen, die von größerer globaler Bedeutung für die Menschheit war als die erste Mondlandung. Die Rede ist von der Entschlüsselung des vollständigen menschlichen Genoms, dem „Buch des Lebens".

Nunmehr stehen die genetischen Sequenzen von Mensch, Tier und Pflanze allen Interessierten offen. Mit der Entschlüsselung entdecken wir gleichzeitig, wie sehr wir Teil der Entwicklungsgeschichte unseres Planeten sind. So findet sich ungefähr die Hälfte der menschlichen Gene auch in Bananen wieder – wobei ich, nebenbei bemerkt, manchmal finde, dass dies bei einigen meiner Bekannten offensichtlicher ist als bei anderen. Der Möglichkeit, genetische Informationen von einer Sequenz in eine andere zu kopieren, steht nichts mehr im Weg. Wir befinden uns also auf der Schwelle einer neuen Ära biotechnologischer Anwendungen, die sowohl das Gesundheitswesen als auch die Lebensmittelproduktion verändern könnten. Das aber löst Angst aus. Die Öffentlichkeit reagiert misstrauisch angesichts unbekannter Gefahren, und die Skepsis der Öffentlichkeit gegenüber der Wissenschaft und den Wissenschaftlern wächst. Ich werde in meinen Ausführungen später noch einmal auf diesen Punkt zurückkommen. Aber lassen

Sie mich zuerst einen Blick auf die Rolle der Regierung in der Forschungsförderung werfen.

Warum sollte eine Regierung die wissenschaftliche Forschung unterstützen?

Weit gefasst, gibt es dafür drei Gründe:

- Durch die Erweiterung des Wissens wird die Kultur des Landes bereichert; dieses Streben nach Verständnis ist die hauptsächliche Motivation für die meisten Menschen, die sich in der von der öffentlichen Hand finanzierten Forschung engagieren.
- Investitionen in die Wissenschaft ermöglichen direkten Zugang zu internationalen Unternehmen und damit zu Erkenntnissen, die in anderen Ländern gewonnen werden. Außerdem führen Investitionen in die Wissenschaft zu einer Schicht gut ausgebildeter und kreativer Individuen.
- Durch den Transfer von Menschen und Ideen in die Industrie kommt es zu wirtschaftlichen Gewinnen. Um mit Tony Blair zu sprechen: „Die wissenschaftliche Basis ist der absolute Grundstein unserer wirtschaftlichen Leistung."

Die Förderung der Forschung benötigt eine Kombination von Investition, Organisation und Regulierung bzw. Führung:

- Wie viel sollten wir investieren? Angesichts der Tatsache, dass das Vereinigte Königreich zu den führenden zwölf Wissenschaftsnationen zählt, waren die Investitionen in die Grundlagenforschung mit einer Höhe von ungefähr 0,6 Prozent des BIP in den neunziger Jahren relativ gering. Japan gab 1997 mehr als ein Prozent des BIP für die Forschung aus. 1998 verkündete Premierminister Tony Blair, dass in den folgenden drei Jahren zusätzliche 1,4 Mrd. £ von der Regierung und von NGOs aufgebracht werden würden. Die Ausgaben allein stehen jedoch in keinem direkten Verhältnis zum wissenschaftlichen Output, was an der Anzahl der Veröffentlichungen (oder des Zitierens von Veröffentlichungen), umgerechnet auf die Bewohner eines Landes, zu ersehen ist. Die produktivsten Länder sind dabei nicht unbedingt die wirtschaftlichen Schwergewichte wie die USA oder Deutschland, sondern die Schweiz, Israel und die skandinavischen Länder. Wenn man Produktivität und Investitionen zueinander in Verbindung setzt, steht Großbritannien an der Spitze, da es bei relativ geringen Investitionen eine hohe Produktivität vorweisen kann.

- Ebenso wesentlich ist ein ständiger Nachschub an enthusiastischen jungen Leuten. Seit Mitte der siebziger Jahre haben die Briten im Bereich der höheren Schulbildung nicht weniger als eine Revolution erlebt, in deren Folge sich die Zahl der 24-Jährigen mit Universitätsabschluss verfünffacht und die Zahl der Absolventen der Naturwissenschaften und der Ingenieurwissenschaften verdreifacht hat. 1998 stellten im Vereinigten Königreich die Universitätsabsolventen mehr als 35 Prozent ihrer Altersgruppe gegenüber knapp 33 Prozent in den USA. Der Durchschnitt innerhalb der OECD liegt bei etwa 20 Prozent. Eine solche Bildungsexplosion ist aber einer der wesentlichen Faktoren bei der Revolutionierung der Wissensbasis, von der unsere Kultur und unsere wirtschaftliche Zukunft abhängen. Für Großbritannien besteht die neue Herausforderung vor allem darin, die Bandbreite unter den höheren Bildungseinrichtungen zu vergrößern – die einen mögen sich auf Grundlagenforschung konzentrieren, andere knüpfen Kontakte zur regionalen Industrie oder bieten die verschiedensten beruflichen Bildungsmöglichkeiten –, wobei stets hohe Maßstäbe gesetzt werden.

- Inwieweit sollten Regierungen die Forschungsarbeiten von Wissenschaftlern in Universitätslabors durch Vorgaben beeinflussen, um die Möglichkeiten des Investitionsertrags in Bezug auf Wohlstandsschaffung und Lebensqualität zu maximieren? Im Vereinigten Königreich werden Forschungsbeihilfen hauptsächlich durch themengebundene Forschungsräte gewährt, die ihre Entscheidungen auf der Grundlage von Beurteilungen anerkannter Fachleute treffen. In den neunziger Jahren führte die Regierung ein übergreifendes Procedere ein, um durch das so genannte Foresight-Programm Prioritäten in der Forschung zu setzen. Dieses Programm, das sich bereits in seinem zweiten Fünfjahreszyklus befindet, bringt Leute mit wissenschaftlichem, praktischem und wirtschaftlichem Hintergrund zusammen, um festzustellen, welche Bereiche der Grundlagenforschung mittel- bis langfristig gute wirtschaftliche Entwicklungsmöglichkeiten bieten. Die Berichte der themengebundenen Foresight-Gremien beeinflussen die finanziellen Entscheidungen der Forschungsräte und anderer Körperschaften. Aber ihre vielleicht wichtigste Funktion besteht darin, Wissenschaftler und Leute aus Handel und Industrie zusammenzubringen.
- Was können Regierungen tun, damit Forschungsergebnisse neue Geschäftsmöglichkeiten eröffnen? Ende der neunziger Jahre wurden in Großbritannien Programme aufgelegt, die nicht nur Wissenschaftler an Universitäten finanziell unterstützen, um ihre Entdeckungen zu vermarkten, sondern auch regionale Zentren, so genannte Spin-out-Gesellschaften, die in diesem Bereich die nötige Infrastruktur bieten, um die Interaktion zwischen Universität und Betrieben in der jeweiligen Region zu verbessern. Außerdem sollen die Bereiche Forschung und Entwicklung in den Unternehmen durch Steuerbegünsti-

gungen unterstützt werden. Das sind erste Schritte, um eine kreative Risikobereitschaft zu stärken, doch haben wir noch einen langen Weg vor uns, bis wir eine Art von Unternehmenskultur erreichen, wie sie in den USA üblich ist.

All diese Maßnahmen zielen darauf ab, eine dynamische wissenschaftliche Gemeinschaft und eine auf Technologie basierende Industrie zu unterstützen. Wissenschaft und Technik können jedoch nicht isoliert agieren: Sie finden innerhalb eines sozialen und kulturellen Kontextes statt. In einer demokratischen Gesellschaft hängt der Handlungsspielraum der Regierung vom Vertrauen der Wähler ab. In den vergangenen Jahren ist – besonders in Großbritannien – dieses Vertrauen im Wissenschaftsbereich und dort speziell bezüglich der Biotechnologie gesunken. Manche der Gründe sind offensichtlich, andere weniger.

Das Misstrauen gegenüber dem Neuen muss sachlich zur Kenntnis genommen werden. Früher hat sich dieses Misstrauen nicht selten in drakonischen Maßnahmen ausgedrückt, es sei nur an die Verbrennung von Giordano Bruno erinnert und an Galileis erzwungenen Widerruf. Wir müssen uns fragen, welche Faktoren es sind, die dieses Misstrauen bestärken?

- Die automatische Unterordnung unter Autoritäten, wie sie in vielen Staaten üblich war, wird heute immer häufiger durch ein größeres Verlangen nach Beteiligung der Öffentlichkeit ersetzt, was an sich eine gute Sache ist. Gleichzeitig haben wissenschaftliche und medizinische Fortschritte und die Gesetzgebung dazu geführt, dass Risiken für Gesundheit und Lebenserwartung, z. B. durch Unfälle oder Infektionskrankheiten, stark gesunken sind. Fälschlicherweise wird nun oft ein risikofreies Leben erwartet, und der Glaube an das bestehende System wird jedes Mal untergraben, wenn sich diese Annahme als falsch erweist.

- Die wissenschaftliche Bildung in den Schulen konzentriert sich zu sehr auf Tatsachen statt auf Prozesse, so dass der irreführende Eindruck entsteht, die Wissenschaft sei eine Art Trivial Pursuit, das mit Tatsachen zu tun hat, statt, wie es viel öfter der Fall ist, mit Schlussfolgerungen, die sich auf das Abwägen von Wahrscheinlichkeiten nach Beurteilung der vorhandenen Beweise gründet. Oft müssen detaillierte politische Entscheidungen getroffen werden, z. B. in Bezug auf den Anbau von genmanipuliertem Getreide, während umfassende und wichtige ökologische Fragen noch immer nicht beantwortet sind. Dadurch entsteht ein gewisser Grad von Unsicherheit. Hinzu kommt: Wenn Wissenschaftler über diese Themen debattieren, was zweifelsohne ein wichtiger und notwendiger Schritt innerhalb des Wissens- und Verständnisprozesses ist, wird dies womöglich von der Öffentlichkeit als Unentschlossenheit und Schwäche wahrgenommen.
- Zwar ist das Misstrauen der Öffentlichkeit gegenüber der wissenschaftlichen Entscheidungsfindung keineswegs ein rein britisches Phänomen, aber in Großbritannien erfuhr die allgemeine Skepsis durch ein folgenschweres Ereignis zusätzlichen Auftrieb: die BSE-Epidemie, die der britischen Fleischindustrie in den neunziger Jahren großen Schaden zufügte und zu mehreren Dutzend Toten führte. Durch die Geheimniskrämerei – es schien, als würden politische Entscheidungen heimlich getroffen, während Minister beteuerten, die Sicherheit der Nahrungsmittel sei gewährleistet (was sich später als unwahr herausstellte) – wurde das Vertrauen in die Regierung und Wissenschaft zusätzlich unterminiert.
- Die Auswirkungen der BSE-Krise hinterließen eine Atmo-

sphäre des Argwohns, der meiner Meinung nach immer noch die Diskussionen über Lebensmittelsicherheit auch in anderen Ländern Europas überschattet. Zeitungen quer durch das politische Spektrum griffen diese Stimmung auf und verstärkten sie noch mit Kampagnen gegen „Frankenstein-Nahrung", wie sie Produkte nannten, die aus gentechnisch verändertem Getreide hergestellt werden. In der wettbewerbsorientierten Medienindustrie wollte jeder vorne dabei sein; darüber geriet eine sachliche Berichterstattung ins Hintertreffen. Eine britische Studie zeigt, dass im Frühjahr 1999, auf dem Höhepunkt dieser Kampagnen, weniger als 15 Prozent der Artikel über gentechnisch veränderte Lebensmittel von ausgewiesenen Wissenschaftsjournalisten geschrieben waren. Ferner wurde deutlich, dass damals alle Rundfunk- und Fernsehsender und acht von elf Zeitungen kampagnenmäßig berichteten, statt sachlich zu informieren. Darüber hinaus gab es eine breite Koalition von Gruppen aus dem Bereich Umwelt- und Verbraucherschutz, die sich gegen gentechnisch veränderte Lebensmittel engagierten.

Solche weitverbreiteten Ängste zu ignorieren wäre schlichtweg falsch, zudem politisch unklug, und es würde denjenigen in die Hände spielen, die für radikale Maßnahmen plädieren wie die Zerstörung der Testfelder, auf denen gentechnisch verändertes Getreide gezüchtet wird. Aber es ist auch keine Lösung, sein Mäntelchen nach dem unbeständigen Wind der öffentlichen Meinung zu hängen. In Deutschland hätte beispielsweise vor zehn Jahren eine restriktive Gesetzgebung als Reaktion auf die öffentliche Besorgnis die einheimische Biotechnologie-Industrie fast zerstört. Unternehmen wie BASF und Boehringer Mannheim beschlossen, ihre Werke nach Übersee zu verlegen. Allein der wirtschaftliche Druck, hervorgerufen durch die enormen Kosten der deutsch-deutschen Vereinigung, hat Mitte der neunziger Jahre dazu geführt, dass mit Unterstützung aller politischen Parteien regionale Biotechnologie-Unternehmen sich wieder etablieren konnten. Derzeit sind in Deutschland europaweit die meisten solcher Firmen ansässig. Was allerdings ihre Produkte und ihren Marktwert betrifft, haben sie noch einen Rückstand von mehreren Jahren aufzuholen.

In Großbritannien haben wir einen neuen Kurs eingeschlagen. Wir haben den Spielraum für die Beteiligung der Öffentlichkeit bei wissenschaftlichen Themen erweitert, während wir gleichzeitig weiterhin größten Wert auf qualifizierte technische Beratung durch Experten legten. Es ist die absolute Priorität der Regierung, angemessene Kontrollen zur Regulierung der Biotechnologie und gentechnischer Veränderungen zu schaffen, so dass die Umwelt und die Gesundheit der Öffentlichkeit geschützt sind.

In Zukunft werden alle Ausschüsse, in denen Fragen der Biotechnologie erörtert werden und Experten zu Rate gezogen werden, wie z. B. das Advisory Committee on Releases into the Environment (ACRE) oder das Genetics and Insurance Committee (GAIC), dafür Sorge tragen, dass Informationen über Aufgabenbereiche, Arbeitspläne und Untersuchungsergebnisse der Öffentlichkeit zugänglich gemacht werden, und zwar in einer Form, die auch der Laie versteht. Gleichzeitig werden drei neue Beratungsgremien – die Food Standards Agency (FSA), die Agriculture and Environment Biotechnology Commission (AEBC) und die Human Genetics Commission (HGC) – eine zukunftsorientierte und strategisch wichtige Rolle spielen: Sie werden die Diskussionen um Ethik und Werte sowie die Befürchtungen der Öffentlichkeit aufgreifen, und die meisten ihrer Sitzungen werden öffentlich stattfinden.

Diese Umstrukturierung ist der Tatsache zu verdanken, dass man erkannt hat, dass die Wissenschaft die Öffentlichkeit verstehen muss. Erwartungen, die Öffentlichkeit würde die Wissenschaft akzeptieren, wenn sie sie denn verstünde, haben sich als realitätsfern und naiv erwiesen; detaillierte Untersuchungen zeigen, dass in Ländern, deren Bürger bei Wissenschaftstests am besten abschneiden, sich die Bevölkerung auch mehr Sorgen bezüglich Schäden im Zuge neuer Technologien macht. Und so sollte es auch sein! Wissenschaftler müssen auf die Auseinandersetzung mit der Öffentlichkeit vorbereitet sein und ihr Tun erklären können. Es wäre ein großer Fehler, echte Besorgnis bezüglich Wissenschaft und Technik als bloßes Ergebnis von Ignoranz abzutun.

Jene, die keinen Hehl daraus machen, dass sie Angst haben, das gentechnisch veränderte Getreide könnte unserer Umwelt nachhaltig schaden, die Bauern in Entwicklungsländern könnten dadurch benachteiligt werden, weil sie sich dieses Saatgut nicht leisten können, und die nicht zuletzt befürchten, dass das menschliche Erbgut dadurch geschädigt wird und damit die Gene ungeborener Kinder verändert werden, sprechen aus, was viele denken. Und ich teile diese Bedenken. Ich setze mich besonders dafür ein, dass die biologische Artenvielfalt unserer Erde erhalten bleibt. Übrigens ein Ziel, das alle Nationen dieser Welt auf dem Umweltgipfel in Rio 1992 formuliert haben. Die Ansprüche der stetig wachsenden menschlichen Bevölkerung zerstören andere Populationen in einem erschreckenden Tempo. Dabei gibt es pragmatische Gründe für den Erhalt der biologischen Vielfalt: Die Artenvielfalt stellt das Rohmaterial für die Biotechnologie von morgen dar, außerdem riskieren wir den Zusammenbruch von Ökosystemen, wenn wir zu viele Arten aus den fein ausbalancierten Strukturen entfernen. Und drittens haben wir schlicht und einfach eine Fürsorgepflicht gegenüber den Arten, mit denen wir den Planeten teilen.

Wir brauchen viele und möglichst unterschiedliche Stimmen in der Diskussion um das Thema „In welcher Welt wollen wir leben?“. Zunächst einmal müssen wir uns darüber klar werden, welche Werte uns bewegen. Dann können wir uns fragen, wie wir diesen Werten am besten gerecht werden. Unsere Werte bestimmen, welche Fragen wir stellen über die Natur und die Auswirkungen menschlichen Handelns auf sie. Unsere Handlungen dürfen aber nicht von Vorurteilen gelenkt sein, vielmehr sollten sie ihre Begründung in faktischen Tatsachen haben und unsere Wissenschaft wird sicherstellen, dass die Antworten auf unsere Fragen auf einer soliden Basis stehen. Hier kann es allerdings zu einem Paradox kommen: Oft brauchen wir emotionale, wertebegründete Sorgen, um zum Handeln motiviert zu werden. Gleichzeitig aber bedürfen wir einer leidenschaftslosen, auf Tatsachen basierenden Analyse als Handlungsgrundlage. Bestehen Unsicherheiten, müssen alle verfügbaren Beweise bei einer Kosten-Nutzen-Rechnung berücksichtigt werden; und wenn ein Risiko noch so gering erscheint, kann ein vorsichtiger Ansatz manchmal die bessere Lösung sein, vor allem, wenn die möglichen Auswirkungen verheerend sein können. Das hat die BSE-Krise gezeigt.

Die Fortschritte in Wissenschaft und Technologie, besonders jene, die sich aus einem neuen Verständnis der molekularen Grundlage des Lebens ergeben, wurden innerhalb einer so kurzen Zeitspanne erzielt, dass Regierungen in der ganzen Welt von den technischen Möglichkeiten, aber auch von der damit verbundenen öffentlichen Reaktion überrascht wurden. Es blieb ihnen überlassen, zwischen der Skylla unsichere Wissenschaft einerseits und der Charybdis geifernde Öffentlichkeit andererseits politisch hindurchzusegeln.

Wir dürfen ferner nicht vergessen, dass politische Entscheidungsträger unausweichlich von den dominierenden Wertesystemen ihrer Länder beeinflusst werden, was natürlich zu Dissonanzen zwischen den einzelnen Ländern führen kann. Als Beispiel sei der internationale Handel mit gentechnisch veränderten Lebensmitteln aufgeführt.

Wir müssen auf internationaler Ebene eine neue Debatte beginnen. Wir müssen den jeweiligen Wertekanon der Länder des Nordens und des Südens, des Ostens und des Westens berücksichtigen. Wir müssen voneinander lernen. Wissenschaftliche Erkenntnisse sollten zusammengetragen werden mit der Absicht, unsere Probleme gemeinsam zu lösen. Es existiert bereits ein Modell dafür: das Intergovernmental Panel on Climate Change. Das IPCC sammelt das Wissen und die Erfahrung von mehr als dreitausend Wissenschaftlern aus 170 Ländern. So kommt ein globaler Überblick zustande, der einerseits zum Beispiel die Unsicherheit der Wissenschaftler in puncto Klimawandel zeigt, andererseits jedoch ebenso deutlich deren Übereinstimmungen aufzeigt. Dieser gemeinsame wissenschaftliche Überblick war sehr hilfreich, als es im Dezember 1997 in Kioto darum ging, Regierungen davon zu überzeugen, einer zukünftigen Kontrolle der Treibhausgas-Emissionen zuzustimmen.

Globaler Konsens ist nötiger denn je, denn nationale Regelungen allein nützen nichts. Sie können mühelos umgangen werden, indem man auf ein Land mit weniger restriktiven Bestimmungen ausweicht. Aber fast noch wichtiger ist, dass eine Entscheidung, die auf nationaler Ebene getroffen wird, internationale Auswirkungen haben kann. Als Beispiel sei die Transplantation von Schweineorganen in den menschlichen Körper genannt. Es gibt die Befürchtung, auf diesem Weg könnten bislang unerkannte Schweineviren eine Epidemie größten Ausmaßes auslösen; eine Lösung des Problems allein auf nationalen Ebenen erscheint unzulänglich. Eine internationale Regelung ist gefragt.

Die OECD-Konferenz zu Gesundheit und damit verbundenen Sicherheitsaspekten von gentechnisch veränderten Lebensmitteln, die in Edinburgh stattfand, war ein Schritt in diese Richtung. Teilnehmer aus den unterschiedlichsten Unternehmen und Institutionen, Befürworter wie Kritiker, nahmen daran teil. Ich würde es begrüßen, wenn daraus eine dauerhafte Initiative entstehen würde: Ein breites Spektrum biotechnologischer Themen würde von Vertretern aus Entwicklungs- und Industrieländern, von Wissenschaftlern und Konsumenten, von Umweltschützern und Vertretern der Industrie diskutiert werden. Sie würden über medizinische Ethik, Gesundheit und Sicherheit, Tier- und Umweltschutz, Rechte an geistigem Eigentum und den Zugang zu neuen Medikamenten streiten.

Ich glaube, wir müssen mehr Anstrengungen unternehmen, heute unsere Hausaufgaben zu machen, damit wir vorbereitet sind auf neue Fragen, die sich im Laufe des nächsten Jahrhunderts zwangsläufig ergeben werden. Die Weltbevölkerung von jetzt sechs Milliarden Menschen wird sich bis 2050 fast verdoppelt haben. Wachsende Armut, Unterversorgung mit Wasser und Nahrungsmitteln sind vorprogrammiert. Nicht nur die Politik, sondern auch die Wissenschaft ist in der Pflicht. Die Herausforderung liegt darin, die emotionalen und ethisch bedingten Argumente – die sicher von Herzen kommen – herauszufiltern und gleichzeitig die wissenschaftliche Analyse voranzutreiben. Für sie aber ist jener „kalte Rationalismus“ gefragt, mit dessen Hilfe jene Instrumentarien entwickelt und ausgewählt werden können, die am besten geeignet scheinen, unsere Ziele zu erreichen.

Entwicklung

Im März 1995 fand in Kopenhagen der Weltgipfel für soziale Entwicklung statt. 117 Staats- und Regierungschefs verabschiedeten eine zehn Verpflichtungen umfassende Erklärung sowie ein Aktionsprogramm. Hauptthema waren Beseitigung der Armut und Förderung produktiver Beschäftigung sowie soziale Integration. Zentrale Aussage des Gipfels war, dass die soziale Entwicklung den gleichen Rang haben müsse wie die Wirtschaftsentwicklung. Eine Sondergeneralversammlung der Vereinten Nationen im Juni 2000 in Genf bestätigte die Beschlüsse und formulierte als vorrangiges Ziel, den Anteil der absoluten Armen an der Weltbevölkerung bis zum Jahre 2015 zu halbieren.

Als arm wird in diesem Zusammenhang bezeichnet, wer weniger als einen Dollar pro Tag zur Verfügung hat. 1990 waren es laut Weltbank 1,3 Milliarden Menschen oder 29 Prozent der Weltbevölkerung, 1996 waren es noch 1,2 Milliarden Menschen bzw. 24,5 Prozent. Frauen sind besonders betroffen. „Die Massenarmut ist daher zu Beginn des neuen Jahrtausends eine globale Herausforderung an die gesamte Weltgemeinschaft. In Wechselwirkung mit anderen globalen Problemen wie der Zerstörung der natürlichen Lebensgrundlagen führen Armut und Ungleichheit zu sozialer Unruhe und politischer Destabilisierung und sind letztlich eine Gefahr für den Weltfrieden. Der Abbau der Kluft zwischen Arm und Reich ist ein Gebot der Gerechtigkeit, der sozialen Verantwortung und der Vernunft.“[1]

Auch auf dem Global Dialogue 4, der vom 25. bis zum 27. Juli 2000 stattfand, waren sich die Teilnehmer, Verantwortliche der Vereinten Nationen, Vertreter aus Politik und Wirtschaft, aber auch von NGOs und so genannten Grassroots-

Organisationen, einig, dass die Armut eine große soziale Sprengkraft in sich birgt und dringend Lösungswege gefunden werden müssen.

Mark Malloch Brown vom UN-Entwicklungsprogramm UNDP zählte vier Punkte auf, die nach Ansicht der UN grundlegend sind:

1. Zuerst einmal müssen wir für alle gleiche Bedingungen schaffen. Es mag ja sein, dass offene Märkte Handel, Wachstum und Investitionen fördern, aber solange die Industriestaaten nicht endlich ihre Versprechen erfüllen, einen umfassenden Schuldenerlass durchzuführen, ihre Agrarsubventionen in Höhe von 300 Mrd. Dollar abzubauen und dabei zu helfen, globale Krankheiten von Aids bis Malaria – die überproportional stark die Entwicklungsländer betreffen – in den Griff zu bekommen, so lange wird es unmöglich sein, die Armen zu fairen Bedingungen in die Weltwirtschaft zu integrieren.

2. Wir müssen uns klar machen, dass das Problem nicht nur eine Frage der Integration ist: Die 48 am wenigsten entwickelten Länder – in denen zehn Prozent der Weltbevölkerung leben, die aber nur 0,5 Prozent der globalen Exporte stellen – sind durch eine Kombination aus anhaltendem Verfall der Rohstoffpreise und mangelnden Möglichkeiten einer effektiven Export-Diversifikation lahm gelegt. Es ist dringend notwendig, dass wir diesen Ländern dabei helfen, mit den modernen Handels- und Investitionssystemen fertig zu werden und davon zu profitieren.

3. Dieser Prozess kann nicht allein vom privaten Sektor betrieben werden; er braucht erhöhte Zuschüsse in einer Zeit, in der die Entwicklungshilfe im Verhältnis zum BIP der reichen Länder über die letzten zehn Jahre um ein Drittel gesunken ist. Natürlich gab es auch in diesem Trend ein paar bemer-

kenswerte Ausnahmen, aber die USA geben beispielsweise jährlich 85 Mrd. US-Dollar zur Förderung von Forschung und Entwicklung aus, und 50 Mrd. US-Dollar für nationale Armuts-Programme; als Entwicklungshilfe für alle südlich der Sahara liegenden Länder Afrikas bleibt gerade mal eine knappe Milliarde übrig. Wenn es uns wirklich ernst damit ist, eine für alle offene Globalisierung zu schaffen, dann müssen wir hier etwas ändern: Zielgerichtet ausgegebene Gelder können in diesen Bereichen zum Katalysator für eine breite Entwicklung werden.

4. Der vierte Punkt untermauert alle anderen Faktoren: Wir müssen die Rolle eines starken, globalen Fürsprechers übernehmen. Denn es reicht nicht, wenn die Staats- und Regierungschefs der G8-Länder – wie letzte Woche in Japan geschehen – erklären, dass sie sich für die Entwicklungshilfe und die Armen einsetzen. Sie müssen handeln. Und wenn das geschehen soll, haben wir alle hier die Pflicht, diese Themen auf der globalen Agenda zu behalten. Und im Fall des Entwicklungsprogramms der Vereinten Nationen müssen wir weiterhin Druck auf die Nationalstaaten ausüben, sich stärker zu engagieren, besonders für das vorrangige Ziel, die Anzahl der in extremer Armut lebenden Menschen bis zum Jahr 2015 zu halbieren.

Allerdings sind sich mittlerweile alle darüber einig, dass die Welt von diesem Ziel weit entfernt ist. Wangari Maathai, als streitbare Gründerin des Green Belt Movement zum Global Dialogue eingeladen, sprach aus ihrer langjährigen Erfahrung als Aktivistin. Sie beschrieb in ihrer Rede eine geteilte Welt, die der Armen und die der Reichen. Letztere, so Maathai, würden die Armut als ein Problem anderer, eben der Dritten Welt, begreifen.

1 „Medienhandbuch Entwicklungspolitik 2000“, Hrsg.: Bundesministerium für wirtschaftliche Zusammenarbeit und Entwicklung, S. 207.

Armut und der Verlust der Kultur

Wangari Muta Maathai

Nach vielen Jahren, die geprägt waren von Kampf und Enttäuschung, gelangte ich eines Tages zu einer Überzeugung, die mein Bild von der Armut vollständig veränderte. Mir wurde klar, dass Armut nicht einfach so passiert: Armut wird von Menschen verursacht. Das war für mich der Durchbruch.

Manchmal ist Armut eine erwünschte politische und wirtschaftliche Strategie, die auf bestimmte Menschen und Gruppen abzielt, sei es aufgrund ihres Geschlechts, ihrer ethnischen Zugehörigkeit, ihres Glaubens, ihrer Hautfarbe oder ihrer Rassenzugehörigkeit. Oft steht dabei die Überlegung im Vordergrund, dass es leichter wird, wertvolle natürliche Ressourcen in die Hände zu bekommen, wenn man Gemeinschaften verarmen lässt, sie diskriminiert, sie ausschließt und machtlos macht; ihre grundlegenden Menschenrechte verletzt, ihre Kultur und Wertvorstellungen zerstört; sie behandelt, als wären sie keine Menschen, und so ihr Selbstvertrauen und ihre Selbstbestimmung vernichtet. Manchmal schließt diese Strategie auch Korruption mit ein, vorsätzliche Ungerechtigkeit, Gewalt und das Säen von Konflikten.

Diese vorsätzliche Verarmung findet oft unter dem Deckmantel des internationalen Handels, der Globalisierung, internationaler Vereinbarungen und Entwicklungsabkommen statt. All diese Maßnahmen werden von politischen und wirtschaftlichen Systemen genutzt, um Armut zu schaffen. Und solange die Menschen, die die Macht hätten, die Armut zu lindern oder gar zu beseitigen, sich nicht entschließen, den Lippenbekenntnissen Taten folgen zu lassen, so lange wird die Armut weiterhin ihre Opfer fordern.

Diejenigen, die diese Macht haben, können Regierungen sein, Entwicklungshilfe-Organisationen, NGOs oder auch Wissenschaftler. Damit es wirklich zu einem Wandel kommen kann, müssen all diese verschiedenen Beteiligten in einen ständigen Dialog treten und bereit sein, einander zuzuhören. Lokale Initiativen und die NGOs, von denen sie gebildet werden, brauchen auf nationaler wie auf internationaler Ebene Unterstützung. Zwar gibt es mittlerweile mehr Aktivisten, auch haben sie inzwischen mehr Öffentlichkeit, aber noch ist ihr Einfluss nicht genügend gebündelt, noch haben sie nicht jene Macht, um den Armen, mit denen sie arbeiten und die sie zu erreichen versuchen, wirklich helfen zu können. Auf internationalen Foren wurden ihnen Versprechungen gemacht, die sie motivierten, vor allem bei den zahlreichen UN-Konferenzen in den achtziger und neunziger Jahren, aber keines dieser Versprechen wurde erfüllt. Und doch bleiben sie standhaft auf ihrem Weg und hoffen immer noch, dass den Worten Taten folgen werden, von denen die 1,2 Mrd. Menschen profitieren werden, die von weniger als einem Dollar pro Tag leben müssen.

Für diejenigen, die den Wandel lieber heute als morgen sähen, und besonders für die unter uns, die auf der Grassroots-Ebene, also von unten, von der Basis her, arbeiten, wo die Armut am bittersten ist, ist die Realität immer eine bittere Pille. Denn viele einflussreiche Menschen und Entscheidungsträger sehen nicht ein, warum sie sich um Armut in weit entfernten Gegenden kümmern sollten. Sie verstehen nicht, warum sie weiterhin finanzielle und materielle Unterstützung in etwas stecken sollten, was ihnen wie ein Fass ohne Boden erscheint, wo es Korruption und miserable Regierungen gibt und die Hoffnungslosigkeit immer größer wird.

Mittlerweile leiden viele dieser Geldgeber an dem so genannten Spendenmüdigkeits-Syndrom, einer ernsthaften Erkrankung, deren Behandlung darin besteht, die Entwicklungshilfe zu kürzen und sich mehr um die Innenpolitik zu kümmern. Sie argumentieren, dass die Bekämpfung der Armut in weit entfernten Ländern nicht ihren eigenen Bürgern aufgebürdet werden sollte, die eh der Meinung seien, zu viele Steuern zahlen zu müssen, sondern dass es vielmehr Sache der Regierungen der jeweiligen Länder sei. Diese Einstellung macht die Arbeit der für die Entwicklungshilfe Verantwortlichen, und seien sie noch so engagiert, so schwierig.

Auch ist die Meinung weit verbreitet, dass es den Armen ebenfalls besser ginge, wenn sie nur genauso hart und ehrlich arbeiten würden wie sie, die Reichen, wenn ihre Regierungen nicht so korrupt wären und ihre Bürger nicht so ausbeuten würden, wenn die Armen nicht zu eingeschüchtert und feige wären, ihre Anführer ins Gebet zu nehmen. Sie können es sich leisten, die Armut zu ignorieren, denn sie betrifft sie ja ihrer Meinung nach nicht. Immerhin arbeiten die Reichen ja hart für ihren Wohlstand und möchten ihren konsumorientierten Lebensstil weiterführen, ohne sich über die Nachhaltigkeit dieses Lebensstils Gedanken machen zu müssen.

Niemand erklärt ihnen, dass sie diesen Lebensstil allein deshalb pflegen können, weil gleichzeitig anderen Menschen die Freiheit, ein Leben in Würde zu führen, verwehrt bleibt, dass diese anderen Menschen gezwungen sind, in

Armut zu leben. Den Reichen wird nicht gesagt, wie die Armen unterdrückt, ihrer Menschenrechte beraubt, diskriminiert, ausgeschlossen und unmenschlich behandelt werden, damit man ihre Rohstoffe abschöpfen kann, um den reichen Ländern ihren konsumorientierten Lebensstil erst zu ermöglichen. Wer ist reich und wer ist arm?

Kenia hat z. B. 1998 den reichen Staaten 500 Mio. US-Dollar gezahlt, um internationale Schulden abzutragen. Im gleichen Jahr erhielt Kenia Entwicklungshilfe-Gelder in Höhe von 120 Mio. US-Dollar! Ist es in der Regel nicht so, dass für jeden Dollar Entwicklungshilfe, den die armen Länder Afrikas bekommen, vier Dollar zurückfließen? Wer ist reich, und wer ist arm, und wer unterstützt hier wen? Manche Leute würden das internationalen Handel nennen. Andere nennen es Ausbeutung, ungerechten Handel.

Diese unerträgliche Situation ist einer der Gründe dafür, dass die armen Länder einen internationalen Schuldenerlass verlangen. Sie argumentieren, dass bereits ein Vielfaches des Kapitals zurückgezahlt worden sei. Es sei doch wesentlich sinnvoller, wenn nun den Regierungen gestattet würde, ihren Bürgern Lebensmittel, Unterkunft, Bildung und Medikamente zu finanzieren, statt weiterhin – zum Wohl der reichen Länder – die überhöhten Zinsen zu tilgen. Wenn die Bürger der reichen Staaten all dies wüssten, würden sie kooperieren, denn es trotz dieses Wissens nicht zu tun hieße, in einer Illusion zu leben, den Kopf in den Sand zu stecken, wie man so schön sagt.

Wir können nicht vor der Armut und ihren Auswirkungen auf unser Leben davonlaufen. Denn Armut ist wie ein Krake, der seine Tentakel ausstreckt und uns immer erreicht, egal, wie sehr wir uns verstecken und die Augen vor den Tatsachen verschließen. Im Zeitalter der elektronischen Medien gibt es keine Ferne. Wir sind voneinander abhängig, wir sind Nachbarn. Unsere Zukunft kann nur eine gemeinsame sein, ansonsten haben wir keine. Wir leben in einem kleinen Dorf, einem Raumschiff, genannt Planet Erde.

Es sei denn, die Reichen finden einen anderen Planeten, auf den sie sich flüchten können. Bis dahin werden Gewalt und Kriminalität weiter uns und unsere Lieben betreffen. Diese Verbrechen werden von Armen oder ihren Freunden und Unterstützern begangen werden. Heute haben wir bereits Flüchtlingsströme von Menschen, die der Armut in ihrer Heimat entfliehen wollen und die herablassend Wirtschaftsflüchtlinge genannt werden. Bald werden wir eine zweite Migrationsflut haben, nämlich die der Umweltflüchtlinge. Wir werden die Auswirkungen des Klimawandels zu spüren bekommen. Und Europa reagiert darauf, indem es einen Wall um sich errichtet. Wir erleben dies jedes Mal, wenn wir in Europa einreisen möchten: Der Pass wird zermürbend lange kontrolliert.

Ich möchte noch ein Thema ansprechen, das in Diskussionen selten berührt wird: die Kultur. Die Weltbank hatte eine Konferenz über Kultur und Entwicklung in Afrika organisiert. Man kam zu dem Schluss, dass die Kultur für die Entwicklung sehr wichtig sei und dass der Verlust der Kultur dem Eingeständnis gleichkomme, ein Sklave zu sein. Dies liegt daran, dass eine fremde Kultur eine gewisse Scheu auslöst, die die Bildung eines Minderwertigkeitskomplexes beschleunigen kann. Menschen, die diesen Prozess durchmachen, halten sich für unfähig und überlassen es anderen, jeden Aspekt ihres Lebens zu bestimmen: wie sie reden, was sie essen, wie sie sich kleiden und was sie wertschätzen. Solche Gemeinschaften oder auch Individuen werden in den Angelegenheiten ihres eigenen Landes zu simplen Beobachtern und glauben, dass andere sich besser darum kümmern können als sie selber. Daher werden auch die Entscheidungen im wirtschaftlichen und politischen Leben von nur wenigen Menschen getroffen, die sich mehr mit der früheren Kolonialelite identifizieren als mit ihrem eigenen Volk.

Wenn Sie mir darin zustimmen, dass Armut von Menschen verursacht wird, dann werden Sie mir wohl auch beipflichten, wenn ich sage, dass Menschen sich auch bewusst dazu entscheiden müssen, die Armut zu lindern. Wir alle werden uns damit abfinden müssen, dass die menschliche Spezies aus Männern und Frauen besteht, dass ethnische Gemeinschaften die Bausteine der Gesellschaft sind und dass diese Nationalitäten und Rassen bilden. Daran können wir nichts ändern. Diese Vielfalt, die auf großen wie kleinen Eigenheiten basiert, kann zu Diskriminierung und Ausgrenzung führen. Man kann sie aber auch als Bereicherung sehen. Es ist in der Tat eine Bereicherung, die einen Teil unseres Erfolgs auf dem Planeten Erde ausmacht.

Solange wir zwischen „uns" und „denen" unterscheiden, so lange wird die Menschheit weiterhin sich selbst ihr schlimmster Feind sein. Was also ist nötig? Meiner Meinung nach müssen wir uns vor allem klar machen, dass niemand von uns wirklich in Sicherheit ist, solange nicht alle auf diesem Planeten in Sicherheit sind.

Um diese Sichtweise und dieses Denken zu ermöglichen, müssen wir eine Umgebung schaffen, die sich folgenden Regeln unterwirft:

- Wir dürfen Korruption nicht tolerieren, vor allem nicht in staatlichen Einrichtungen.
- Wir müssen auf regionaler, nationaler und globaler Ebene für Frieden und Sicherheit arbeiten. Wir müssen die Umwelt schützen und pflegen.
- Wir müssen mit den Armen arbeiten statt für sie.
- Die Armen müssen teilnehmen, wenn es darum geht, Lö-

sungen zur Armutsbekämpfung und Strategien gegen die Unterentwicklung zu formulieren und umzusetzen.

- Es ist notwendig, die Auswirkungen von Entscheidungen auf die Armen transparent zu machen, z. B., wenn es um die internationale Verschuldung geht, um Regelungen für den Welthandel durch die WTO, generell um die Kräfte der Globalisierung und deren Folgen.
- All das geht nicht ohne ein neues politisches Verständnis in allen Ländern, auch in den Geberländern. Wenn es wirklich darum geht, die Armut zu beseitigen, statt den Handel und den politischen Einfluss zu fördern, dann sollte auch der politische Wille vorhanden sein, die Instrumentarien, die dazu geschaffen sind, die Armut zu fördern, zu zerstören.
- Wir müssen die grundlegenden Menschenrechte respektieren, unter anderem Informationsfreiheit, Versammlungsfreiheit, Vereinigungsfreiheit und Reisefreiheit.

Landwirtschaft

Von jeher war die Industrialisierung mit der Verstädterung der Menschheit verbunden. Die Industrie als Verarbeiter von Rohstoffen oder Halbfabrikaten war auf Maschinen und Menschen angewiesen. Deshalb siedelte sie sich in Regionen an, wo viele Menschen zu finden waren. In der größten Dichte fanden sich die potentiellen Arbeitskräfte naturgemäß in den Städten. Die Industrie wiederum brachte noch mehr Menschen in die Städte. Viele zog es, auf der Flucht vor Armut, aus ländlichen Regionen in die Stadt, um sich dort zu verdingen. Die letzten Jahrhunderte in Europa waren durch eine kontinuierliche Migration weg vom Land hin zur Stadt gekennzeichnet. In Ostasien setzte im 20. Jahrhundert eine rasante Abwanderung aus ländlichen in urbane Gegenden ein. Tausende von Menschen zog es in die Städte. Agglomerationen wie Tokio und Seoul waren die Folge.

Bereits jetzt lebt die Hälfte der Weltbevölkerung in Städten. In Europa, Nordamerika und Japan liegt dieser Anteil schon bei etwa 80 Prozent und in vielen Ländern Südamerikas bei 90 Prozent der Gesamtbevölkerung.[1] Schätzungen des International Food Policy Research Institute (IFPRI) zufolge wird sich in den nächsten 25 Jahren die Zahl der städtischen Bevölkerung fast verdoppeln, von 1,99 auf 3,73 Milliarden. Hingegen wird sich die ländliche Bevölkerung im gleichen Zeitraum lediglich von 2,92 auf 3,09 Milliarden erhöhen. Dies aber bedeutet eine zusätzliche Herausforderung an die Weltgemeinschaft. Bekämpfung von Arbeitslosigkeit bei gleichzeitiger Bereitstellung von menschenwürdiger Arbeit, guter Bildung, ausreichender medizinischer Versorgung und vor allem genügender Nahrung. Schon jetzt leiden 800 Millionen Menschen an Unterversorgung, d. h., sie hungern oder sie wissen nicht, wie sie ihr nächstes Mahl bestreiten sollen.[2] Besonders betroffen sind Menschen in den Ländern südlich der Sahara und in Südostasien. Studien zeigen, dass sich die Armut zusehends auch in urbane Regionen verlagern wird. Schon jetzt bestätigen die jüngsten „Nutrition Data" der WHO:

- Die Zahl der Armen in urbanen Regionen steigt,
- der Anteil der städtischen Armen an der Gesamtzahl der Armen wächst,
- die Zahl der untergewichtigen Vorschüler in urbanen Regionen steigt,
- der Anteil der untergewichtigen Vorschüler in urbanen Regionen an der Gesamtzahl der untergewichtigen Vorschüler steigt.

Experten sind sich einig – auch auf dem Global Dialogue 5 war es Konsens –, dass die städtische und die ländliche Entwicklung nicht getrennt betrachtet werden dürfen. „Die zukünftige Entwicklung der ländlichen Gebiete ist für die zukünftige Entwicklung der urbanen Gebiete von großer Bedeutung; umgekehrt gilt das Gleiche", so eines der abschließenden Statements der Veranstalter. Es liegt auf der Hand: Je entwickelter die ländlichen Räume sind, desto unwahrscheinlicher ist eine Flucht in die Städte. Und je besser die ländlichen Ernteerträge, desto besser auch die Versorgung der städtischen Bevölkerung. In Südostasien jedoch bewirtschaften rund 125 Millionen Bauern rund 200 Millionen Hektar, die Durchschnittsgröße der Felder liegt bei rund 0,6 Hektar, was etwa der Größe eines Fußballfeldes entspricht. 1,3 Milliarden Menschen sind auf Versorgung durch ihre Ernten angewiesen.[3] Angesichts der desaströsen Versorgungslage in den Entwicklungsländern und der Tatsache, dass die Nahrung nicht reicht, hat das Entwicklungsprogramm der Vereinten Nationen (UNDP) eine Lanze für die Gentechnologie gebrochen. „Transgenetik bietet die Hoffnung auf Nutzpflanzen mit höheren Ernteerträgen, die gegen Schädlinge und Dürre resistent sind und verbesserte Nährstoffeigenschaften haben – besonders für Farmer in ökologischen Zonen, die nicht von der grünen Revolution profitiert haben", so der Entwicklungsbericht 2001 der Behörde.

Auch auf der diesjährigen Konferenz des IFPRI in Bonn war man sich durchweg einig, dass die Gentechnologie eine Chance sein kann. „Eine Unverfrorenheit", finden die Aktivisten von Greenpeace. Es gäbe genug zu essen auf dieser Welt. „Mehr als ein Drittel der Weltgetreide-Produktion wird heute an Rinder, Hühner und Schweine verfüttert – genug zu essen für gut zwei Milliarden Menschen." In ihrer Sonderausgabe vom August 2001, „208 Rezepte gegen den Hunger. Erfolgsgeschichten der Landwirtschaft von morgen", wird der äthiopische Ökologe Tewolde Egziabher mit folgenden Worten zitiert: „Hier wird viel Propaganda gemacht. Es fehlt ja jeglicher Beweis, dass dies geht. Die Konzerne wollen eigentlich nur Sorten verkaufen, die gegen bestimmte Pestizide immun sind und die Bauern dadurch von diesen Pestiziden abhängig machen. Zweites Ziel ist: ‚Die Life-Science'-Industrie will die Kontrolle über das vorhandene Saatgut, den vorhandenen Genpool, in den Entwicklungsländern übernehmen. Immer mit der gleichen Taktik: Erst stellt sie kostenloses Saatgut zur Verfügung, bis die Bauern ihre eigenen Saatgutvorräte verbrauchen oder verkommen lassen – und dann nimmt sie Gebühren."

Auch auf der EXPO 2000 war die Gentechnologie ein großes Thema. Stellvertretend für die Branche sprach Manfred Kern von der Firma Aventis (jetzt Bayer Crop Science).

[1] United Nations Population Division, „World Urbanization Prospects: The 1999 Revision" – Anteil der Stadtbevölkerung in Prozent: Weltbevölkerung: 47, Europa: 75, Nordamerika: 77, Japan: 79, Argentinien: 90, Brasilien: 81, Chile: 85, Uruguay: 91, Venezuela: 87.

[2] 719 Millionen Menschen in Entwicklungsländern und 34 Millionen in Industrie- und Übergangsländern; FAO-Bericht an die 8. Sitzung der UN-Kommission für nachhaltige Entwicklung, 24. 04. bis 05. 05. 2000 in New York.

[3] Ashok Gulati, „The Future of Agriculture in South Asia: W(h)ither the Small Farm?", IFPRI September 2001.

Goldener Reis – Auswirkungen der modernen Biotechnologie auf die Ernährung

Manfred Kern

Urbanisierung und Überalterung der Gesellschaft

Früher war die Mehrzahl der Menschen in der Landwirtschaft tätig und lebte von ihr. Heute haben 55 Prozent der Weltbevölkerung nichts mehr mit ihr zu tun. „Ab dem 5. Dezember 2006, 6 Minuten nach Mitternacht, wird der Mensch hauptsächlich ein Stadtwesen sein", konstatierte Fazal Anwar 1995 im Asien-Pazifik-Programm 2000 der Vereinten Nationen. Statistiken belegen, dass innerhalb der nächsten sechs Jahre die Zahl der Menschen, die in Städten leben, die 50-Prozent-Marke übersteigen wird; das entspricht einer Zahl von etwa 3,3 Milliarden. Bis 2025 werden es etwa zwei Drittel der Weltbevölkerung sein.

In den armen Ländern dieser Welt gibt es zurzeit keine einzige Stadt, in der die Investitionen der öffentlichen Hand für Neubauten, effiziente Müllentsorgung, Straßenbau, Personennahverkehr oder andere grundlegende Infrastruktur-Maßnahmen mit dem urbanen Bevölkerungswachstum mithalten könnten. Dies ist eine Entwicklung der letzten dreißig Jahre, und daran wird sich in absehbarer Zukunft auch nichts ändern.

Ungefähr eine Milliarde Menschen lebt zusammengepfercht in Slums; mindestens 220 Millionen Stadtbewohner haben keinen Zugang zu sauberem Trinkwasser; mehr als 420 Millionen haben keinen Zugang zu der einfachsten Art von Latrinen und anderen grundlegenden Dingen eines anständigen Lebensstandards. Dies hat spürbare Auswirkungen auf die Lebensqualität und die Gesundheit der Stadtbewohner.

Die Ballung in den Städten wirkt sich auch auf die Lebensmittelversorgung aus.

Die Stadtbevölkerung ist nicht in der Lage, sich durch Subsistenz-Wirtschaft zu ernähren, und ihre Essgewohnheiten sind anders als die der ländlichen Bevölkerung. Der Anteil an hochwertigem, transport- und lagerfähigem Getreide wie Reis und Weizen, tierischen Proteinen und Gemüse ist in ihrer Ernährung höher, verbunden mit einer entsprechenden Verringerung des Anteils an traditionellen Gerichten.

„Wie können wir die Bevölkerung ernähren?" Dies ist der Titel eines Buchs von C. R. W. Spedding aus dem Jahre 1996, das man gelesen haben sollte. Die praktische Antwort darauf kann nur die dörfliche Landbevölkerung liefern, die in der Landwirtschaft und der Lebensmittelproduktion tätig ist.

Viele politische Entscheidungsträger und Bürger verbinden allerdings mit dem Begriff „Dorf" immer noch Rückständigkeit, starre Traditionen und eine feindselige Einstellung gegenüber technologischen Neuerungen. Viele Bürger kennen sich mit landwirtschaftlichen Produktionssystemen überhaupt nicht aus, und wenn sie darüber etwas wissen, dann ist es äußerst lückenhaft. Aber sie erwarten, dass sie jederzeit, 24 Stunden am Tag, Zugang zu einem preiswerten, gesunden und breiten Angebot an Lebensmitteln haben, unter denen sie frei wählen können. Doch das ist in vielen Entwicklungsländern und in den ärmsten Regionen eher unwahrscheinlich.

Allgemein kann man sagen: „Die Reichen werden reicher, die Armen haben Kinder, und die Alten werden älter." Es gibt eine Kalkulation, die die Kosten für Kindererziehung und für Altenpflege in Relation setzt. Es klingt zynisch, aber es ist nachvollziehbar: „Man braucht ein Dorf, um ein Kind zu erziehen, aber man braucht ein Dorf, drei Ärzte, fünf Spezialisten und sechs Krankenhausbetten, um einen alten Mann zu pflegen."

So leben z. B. heute 82 Millionen Menschen in Deutschland; 2050 werden es voraussichtlich nur noch 70 Millionen sein. Auf jeweils hundert berufstätige Personen kommen ungefähr vierzig Personen, die über 60 Jahre alt sind. Nach einer Prognose des Statistischen Bundesamts vom Juli 2000 wird sich diese Zahl in den nächsten fünfzig Jahren verdoppeln, d. h., auf hundert berufstätige Personen werden achtzig Personen über 60 kommen. Zurzeit gibt es in Deutschland siebentausend Menschen, die älter als 100 Jahre sind; nach einer Prognose des Deutschen Instituts für Ernährung und Diätetik[1] wird es im Jahr 2025 bereits zehntausend über Hundertjährige geben.

Im Zuge der allgemeinen demographischen Veränderung vergreisen die Bevölkerungen. Dies trifft besonders auf die industrialisiertesten Länder zu. Allerdings wird dieser Trend in Zukunft auch auf Entwicklungsländer übergreifen, denn die durchschnittliche Lebenserwartung von heute ungefähr 26 Jahren wird in den nächsten 50 Jahren weltweit auf über 44 Jahre steigen.[2]

Verschiedene Faktoren wie eine alternde Gesellschaft, stetig steigende Gesundheitskosten und das Verlangen der Konsumenten nach gesünderen Lebensmitteln waren bedeutende Faktoren in der Entwicklung von Functional Food und Nutriceuticals. Das Interesse an diesem Bereich wächst überproportional stark.[3] Die Konsumenten wenden sich verstärkt Produkten zu, die nicht mehr nur mit simplem Überleben zu tun haben.

Die Nahrung spielt jetzt eine andere Rolle: Früher bedeutete sie „Überleben und Vergnügen“, heute wird Nahrung eher als Medizin betrachtet. Für die Functional-Food-Industrie der Zukunft spielen Antioxidantien wie Carotenoide, Vitamin E und Vitamin C, Flavonoide und Glutathione, von denen man annimmt, dass sie dem Körper im Kampf gegen Arterienverkalkung helfen, eine wichtige Rolle. Nahrungsmittel haben mittlerweile viele verschiedene Namen: *nutriceuticals, functional foods, dietary supplements, nutrional supplements, medical foods, fortified foods, foods for special dietary use, health foods, pharmafoods, cropceuticals, bioactive foods.*

In dem Maße, in dem das Einkommen bestimmter Gruppen der Stadtbevölkerung höher wird, steigen diese Menschen in der Lebensmittelkette auf, das heißt, sie konsumieren mehr Fleisch, dessen Produktion entweder zusätzliches Getreide oder Weideland bedeutet. Jedenfalls ist die städtische Bevölkerung in puncto Lebensmittel zu 90 Prozent auf den Handel angewiesen. Daher erhöht sich für jede Person, die vom Land in die Stadt zieht, die Zahl der notwendigen Marktlieferanten.[4]

Bereits heute vermögen die ungefähr 400 Millionen Bauern mit Subsistenzwirtschaft die städtische Bevölkerung von 1,5 Milliarden Menschen nicht mehr zu ernähren. Im Jahr 2025 werden es zwar doppelt so viele Bauern sein, doch auch sie können ganz sicher nicht die dann vier Milliarden Stadtbewohner mit Nahrung versorgen. Dies bedeutet, dass die zukünftige Lebensmittelproduktion aus einem dualen landwirtschaftlichen System stammen wird. Die Subsistenzwirtschaft wird weiterhin die Menschen in den rückständigen Gebieten ernähren, während moderne landwirtschaftliche Methoden und ein intensiver Anbau die Versorgung der städtischen Bevölkerung sichern muss.

Nur eine Verbesserung der Lebensumstände auf dem Land würde dazu beitragen, die Landflucht zu verringern und so auch den sozialen und wirtschaftlichen Druck, der auf den Stadtgebieten lastet, mindern.

Die Landwirtschaft der Zukunft

Angesichts der Bevölkerungsentwicklung und des damit verbundenen exponentiell wachsenden Bedarfs an Lebensmitteln wird die Landwirtschaft zunehmend multifunktional und den verfügbaren Ressourcen angepasst sein. Eine fortschrittlichere Technologie wird die Vielfalt der landwirtschaftlichen Produktionssysteme bedeutend erhöhen. Die optimierte und integrierte Nutzung aller zur Verfügung stehenden Technologien muss bereits bei den Landwirten ansetzen. Extreme Positionen, wie organische Landwirtschaft, die sich auf die Umwelt konzentriert, oder kostenintensive Landwirtschaft, die eine maximale Produktion anstrebt, haben beide ihre Nischen, sind aber von einem globalen Standpunkt aus gesehen irrelevant.

Ganz abgesehen von der großen Vielfalt einer Landwirtschaft, die sich den verfügbaren Ressourcen anpasst, dürfen wir nicht vergessen, dass Boden, Klima, Wasser und technisches Know-how in unserer Welt äußerst ungleichmäßig verteilt sind. So wird sich der Fortschritt in der Landwirtschaftstechnologie in manchen Regionen sehr schnell, hingegen in unterentwickelten Gegenden kaum oder gar nicht durchsetzen. Letztlich ist es so, dass es auch in der Landwirtschaft zwei Welten gibt: die der „Habenden" und die der „Nicht-Habenden".

Die Habenden – Nordamerika, Europa, Australien, aber auch Brasilien und Argentinien – verfügen über Anbauland, das fruchtbar genug ist, um ihren Nahrungsbedarf zu stillen, und über landwirtschaftliche Produktionssysteme, die effizient genug sind, um ausreichend Nahrungsmittel für den Export zu produzieren.

Die Landwirtschaft funktioniert am besten in ausgewiesenen landwirtschaftlichen Gegenden mit fruchtbarem Boden, genügend Wasser und einem allgemein günstigen Klima. Nicht zuletzt ist der gut ausgebildete Landwirt wichtig, der bestens informiert ist und Zugang zu allen Agrotechnologien hat. Dieser Typus wird sich der wissenschafts- und wissensbasierten Präzisionslandwirtschaft zuwenden und effizienter wirtschaften: Von insgesamt 1,9 Millionen Landwirten in den Vereinigten Staaten sind beispielsweise weniger als 300 000 für mehr als 80 Prozent der Produktion verantwortlich.[5] Insgesamt arbeiten in den wohlhabenden Ländern nicht einmal zwei Prozent der Bevölkerung in der Landwirtschaft, und die Menschen in diesen Ländern geben weniger als 15 Prozent ihres monatlichen Einkommens für ihre Grundnahrungsmittel aus.

In den Ländern der Nicht-Habenden leben über drei Milliarden Menschen, und aus vielerlei Gründen sind sie nicht in der Lage, für ihre Bevölkerungen genügend Lebensmittel zu produzieren oder zu importieren. Oft ist es so, dass ihre Produktionskapazität angesichts von Bevölkerungswachstum, Bodenerosion und fehlgeleiteter Agrarpolitik, ganz abgesehen von Kriegen, immer mehr nachlässt.

Diese Länder oder Gebiete sind arm an Ressourcen, landschaftlich sehr heterogen und sehr risikoanfällig. In feuchten oder halbfeuchten Gebieten und in den halbariden Tropen und Subtropen sind die Agrarsysteme sehr komplex, der Boden ist empfindlich und das Wetter extrem wechselhaft. Dies sind auch die Gebiete, die am schlimmsten von der globalen Erwärmung betroffen sein werden.

Die größte Armut allerdings herrscht in trockenen oder halbtrockenen Zonen und in steilen Hanglagen, die ökologisch instabil sind. In diesen Gebieten ist Landwirtschaft durch den geringen Regenfall und das begrenzte Bewässerungspotential nur eingeschränkt möglich. Deshalb ist in diesen Gegenden die landwirtschaftliche Produktivität nur gering, die Produktion erfolgt meist für den Eigenbedarf. Die meisten dieser Gebiete haben ein großes Defizit, was das Stillen elementarer Bedürfnisse angeht wie Nahrung, Bildung, Gesundheit und Trinkwasser, und sie haben kaum, wenn überhaupt, Zugang zu Agro-Technologien. In dieser Art von Subsistenz-Landwirtschaft sind mehr als 80 Prozent der Bevölkerung in der Landwirtschaft tätig, die meisten von ihnen Frauen und Kinder. Sie müssen zwischen 90 und 100 Prozent ihres „monatlichen Einkommens" für Nahrung aufwenden.

In den meisten der sich entwickelnden und unterentwickelten Länder hat sich die Größe der kleinen Familienhöfe in den letzten vier Jahrzehnten halbiert, da die Parzellen für jede neue Generation männlicher Erben in immer kleinere Stücke geteilt werden. Nach einer Untersuchung der Welternährungsorganisation (FAO) aus den frühen neunziger Jahren war in 57 Entwicklungsländern mehr als die Hälfte aller landwirtschaftlichen Betriebe kleiner als ein Hektar – viel zu klein, um eine Familie mit vier bis sechs Kindern zu ernähren.[6] Hinzu kommt, dass 40 Prozent der bebaubaren Fläche Afrikas und 30 Prozent der landwirtschaftlichen Nutzfläche Asiens von Erosion und Wüstenbildung bedroht sind.

Schlüsselelemente für eine nachhaltigere „aufwandsreduzierte" Landwirtschaft

Technologische Veränderungen sind Schlüsselelemente, die die Landwirtschaft formen. Zu den landwirtschaftlichen Input-Faktoren gehören: organische und chemische Dünger, Herbizide, Pestizide; Saatgut/Biotechnologie; Technologie-Transfer; Wissen/Information/ Bildung.

Agro-Inputs
Kurz- und mittelfristig wird eine Kombination aus lokal verfügbaren und sorgfältig ausgewählten externen Inputs die effektivste Technologie ergeben. Neben Pflanzenresten, Dung und Kompost werden chemische Dünger intensiv eingesetzt, um den Ernteertrag zu steigern. Die Farmer, die die richtigen Mengen und Arten chemischer Düngemittel einsetzen, haben einen geringeren Ernteverlust. Ihre Saat wird nicht durch den Wettkampf um Licht und Nährstoffe oder durch Schädlingsbefall gefährdet. Die ausgewogene Verwendung von organischen und chemischen Düngern, Herbiziden und Pestiziden wird den Farmern durchweg dabei helfen, die Land- und Arbeitsproduktivität zu steigern und ein nachhaltiges Ressourcen-Management beizubehalten.[7]

Saatgut/Biotechnologie
Saatgut ist der grundlegende landwirtschaftliche Input und für eine nachhaltige Landwirtschaft notwendig. „Tatsächlich ist Saatgut der Mittelpunkt, um den sich alle anderen Strategien zur Produktivitätssteigerung drehen", sagt Sehgal.[8] Mehr als 50 Prozent der Ernteertrags-Steigerungsrate sind auf genetische Verbesserungen zurückzuführen. Verbesserte Anbaumethoden, verwendete Chemikalien und Maschinen sind nur so effektiv wie die Keime, die sie unter-

stützen. Dies bedeutet, dass jeder Bauer eine sichere Quelle qualitativ hochwertigen Saatguts braucht, um gute Ernten zu erzielen. Der Zugang zu verbessertem Saatgut, das auf die jeweiligen lokalen Gegebenheiten abgestimmt ist, wird eines der Schlüsselelemente für eine nachhaltige Intensivierung sein. Der öffentliche und auch der private Sektor werden dazu bedeutende Beiträge leisten.

Das von den Farmern benötigte Saatgut muss speziell für die Gegenden entwickelt werden, in denen es wachsen soll; außerdem muss es in diesen Gegenden umfassend getestet werden, bevor es großflächig genutzt wird. Darüber hinaus ist zu beachten, dass das beste Saatgut nutzlos ist, wenn es die Farmer nicht in ausreichender Menge mit einem hohen Grad an Reinheit und Qualität erreicht. Deshalb müssen und werden die Bauern in der Dritten Welt eine lokale Industrie für die Zucht, Produktion und Verteilung von Saatgut schaffen, um ihren lokalen Gegebenheiten gerecht zu werden.

Viele für die Entwicklungsländer wichtige Nutzpflanzen werden von den multinationalen Saatgut-Konzernen kaum beachtet, selbst wenn sie Geschäfte mit den entsprechenden Ländern tätigen. Aus diesem Grund wird es wichtig sein, eine einheimische Saatgut-Industrie zu schaffen, die vom öffentlichen und privaten Sektor unterstützt wird. Gerade die kleinen landwirtschaftlichen Betriebe werden von diesem verbesserten Saatgut profitieren. So wird z. B. Hybrid-Reis mit einem durchschnittlichen Ernteertrag von 6,8 Tonnen pro Hektar, der die Reisproduktion in China revolutioniert hat, mehr oder weniger in allen asiatischen Ländern verfügbar sein. Man wird Saatgut mit einem hohen Grad an Widerstandskraft gegen abiotischen Stress entwickeln; dieses Saatgut wird dann an Farmer verkauft oder verteilt, die in weniger begünstigten Regionen leben – ein bedeutender Beitrag zu einer nachhaltigen Landwirtschaft und zum Lebensunterhalt.

Leider ist die Geschwindigkeit, mit der in der Dritten Welt gentechnisch veränderte Nutzpflanzen entwickelt, angepflanzt und genutzt werden, alles andere als zufriedenstellend, obwohl man um das enorme Potential der Biotechnologie weiß. So schreibt die FAO 1997: „Die Biotechnologie, und speziell die Anwendung der Gentechnologie bei Pflanzen oder Tieren zur Anpassung an spezifische Gegebenheiten, hat ein hohes Potential, die Herausforderung einer Steigerung der Produktivität bei gleichzeitiger Bewahrung der natürlichen Ressourcen zu bewältigen."

In der Agenda 21 von 1992 im Kapitel 16 steht weiter: „Die Biotechnologie, ein aufstrebendes wissensintensives Fachgebiet, besteht aus einer Reihe von Hilfstechniken, die es ermöglichen, bestimmte künstliche Veränderungen der Desoxyribonukleinsäure (DNS) oder des genetischen Materials in Pflanzen, Tieren oder Mikrobensystemen herbeizuführen, woraus sich nützliche Produkte und Technologien ergeben. Die Biotechnologie allein kann die fundamentalen Umwelt- und Entwicklungsprobleme nicht lösen, daher sollten unsere Erwartungen realistisch bleiben. Dennoch verspricht die Biotechnologie einen bedeutenden Beitrag zu leisten zur Entwicklung z. B. einer besseren Gesundheitsfürsorge, einer größeren Lebensmittelsicherheit durch nachhaltige landwirtschaftliche Methoden, einer besseren Trinkwasserversorgung, für effizientere industrielle Entwicklungsprozesse zur Bearbeitung des Rohmaterials, für die Unterstützung nachhaltiger Methoden zur Aufforstung und Wiederaufforstung und für Methoden, den Sondermüll von Giftstoffen zu befreien."

Im Jahr 2025 werden 28 Prozent der Lebensmittelproduktion in der entwickelten Welt (USA, Europa, Australien,

Kanada, GUS) durch gentechnisch veränderte Grundstoffe hergestellt werden. In Asien wird dieser Anteil bei 20 Prozent, in Lateinamerika bei 17 Prozent und in Afrika nur bei sechs Prozent liegen.

Für diesen sehr geringen Prozentsatz in Afrika gibt es zwei Gründe: Erstens gibt es dort für die Biotechnologie kaum lukrative Märkte. Besonders während der Einführungsphase dieser Technologie werden sich private Unternehmen vornehmlich auf profitable Märkte, meistens in den Industrienationen, konzentrieren. Der zweite Grund ist, dass in der westlichen Welt die Risiken der gentechnisch veränderten Lebensmittel, GMO genannt, Gegenstand einer hitzigen öffentlichen Diskussion sind. Daraus resultiert: Solange die Risiken nicht hundertprozentig geklärt sind, wird kein Transfer dieser Technologie in die Dritte Welt erfolgen. Meiner Meinung nach führt das einmal mehr dazu, dass wir, die reichen Nationen, wie schon so oft, neue Technologien nutzen, während wir gleichzeitig die Dritte Welt technologisch weitere zwanzig bis dreißig Jahre hinter uns lassen. Langjährige Erfahrung in der wissenschaftlichen Forschung haben mich gelehrt, dass es in der Regel zehn bis fünfzehn Jahre braucht, bis marktreife Lösungen zur Anwendung kommen. Um also ein typisch afrikanisches Problem zu lösen, vergehen mindestens zehn bis fünfzehn Jahre, bis es den Landwirten dort zugute kommt. Eine merkliche Verzögerung in der Einführung der Biotechnologie wird dazu führen, den Beitrag dieser Technologie in Afrika bei nur sechs Prozent zu halten.

Studien in Kenia und anderen afrikanischen Ländern haben jedoch gezeigt, dass die Technologie und ihre Produkte von den Farmern schnell angenommen werden.[9] Denn die Qualität bzw. Technologie liegt im Saatgut, so dass die Farmer ihre traditionellen Anbaumethoden nicht ändern müssen, um enormen Gewinn zu erzielen. So wird z. B. schädlingsresistenter Kohl nicht anders angebaut als nicht-resistenter Kohl. Der schädlingsresistente Kohl wird nicht von der Kohlmotte gefressen und sichert so die Ernte. Dies ist also ein möglicher Weg, die Erträge zu sichern und zu steigern.

Aber was machen wir mit diesen Möglichkeiten? Wie sollen wir diese Schlüsseltechnologie den Kleinbauern z. B. im Himalaja zur Verfügung stellen? Welche verbesserten Eigenschaften sind bei Pflanzen notwendig und auf lange Sicht vorteilhaft?

Im Januar 2000 wurde der „goldene Reis" der Öffentlichkeit vorgestellt. Ein gentechnisch veränderter Reis, dem das Vitamin A beigefügt wurde. Der „goldene Reis" wurde vom Swiss Federal Institute of Technology entwickelt, indem der Pflanze drei Gene hinzugefügt wurden. Diese sorgen dafür, dass Betacaroten – Provitamin A – produziert wird. Dieser Reis kann damit den Vitamin-A-Bedarf, der bei Mangel zur Blindheit führen kann, abdecken. Weltweit leiden 124 Millionen Kinder an Vitamin-A-Mangel. Der „goldene Reis" wird den Bauern in Entwicklungsländern kostenlos zur Verfügung gestellt.

Kürzlich haben die Washington State University und Landwirtschaftsexperten in Japan gentechnisch veränderten Reis entwickelt, der die Ernteerträge um bis zu 35 Prozent steigern könnte.[10] Dem Reis wurde genetisches Material von Mais zugefügt, was zu einer Beschleunigung der Photosynthese führt, so dass die Pflanze mehr Zucker und höhere Kornerträge produzieren konnte. Solche Reispflanzen könnten in der zukünftigen Landwirtschaft, vor allem in den Entwicklungsländern, eine bedeutende Rolle spielen.

Durch die gemeinsame Forschungsarbeit von Aventis CropScience und dem Biotechnology Institute of the University of Cambridge in England wurde kürzlich durch eine Beschleunigung der Zellteilung eine schnellere Wachstumsrate erreicht. Nachdem ein für die Zellteilung verantwortliches Arabidopsis-Gen in eine Tabakpflanze integriert wurde, war es möglich, die Wachstumsraten zu verdoppeln. Diese Leistung eröffnet für die Zukunft die Möglichkeit, die Wachstumsphasen zu verkürzen und mehrere Ernten pro Jahr zu sichern, eine enorme Produktivitätssteigerung.

Diese Beispiele zeigen, dass eine intensive Umsetzung der Biotechnologie in Entwicklungsländern einen bedeutenden Beitrag zur Ernährung der Menschheit leisten kann.

*Technologie-Transfe*r

Höchstwahrscheinlich könnten wir mit der bereits entwickelten Technologie der gesamten Welt Lebensmittel zur Verfügung stellen. Aber wohltätige Spenden allein werden das Problem nicht lösen. Natürlich ist zu begrüßen, wenn in den Abendnachrichten über die hungernden Menschen berichtet und gleichzeitig ein Spendenkonto eingeblendet wird – in der Regel gehen nach so einem Beitrag eine halbe Million Euro an Spenden ein –, aber eine Lösung auf Dauer ist das nicht. Sobald die Kameras eingepackt sind, haben die Spender die Sache wieder vergessen. Es ist nicht einfach, in der breiten Bevölkerung ein Bewusstsein für die existentiellen Probleme der Entwicklungsländer zu schaffen. Auch hat sich gezeigt, dass viele Deutsche sich von Bildern von Hungersnöten und hungernden Flüchtlingen nicht mehr schockieren lassen. Geldspenden lösen die Probleme gewöhnlich nicht – sie können sie höchstens für eine Zeitspanne mildern. Die Bekämpfung des Hungers muss auf eine solidere Basis gestellt werden, bestehend aus langfristigen Projekten, die Zukunftsperspektiven eröffnen.

Wissen/Information/Bildung
Im Mai 2000 trafen sich in Dresden Experten auf dem „Global Forum on Agricultural Research“ (GFAR). Das Treffen gipfelte in der so genannten Dresdener Erklärung vom 25. Mai 2000, einer globalen Vision für landwirtschaftliche Forschung.

Die GFAR-Teilnehmer verpflichteten sich dazu, nach folgenden Gesichtspunkten ein globales System zur landwirtschaftlichen Forschung und Entwicklung aufzubauen:

- Innovative, auf Mitbestimmung ausgerichtete, kosteneffektive und nachhaltige Forschungs-Partnerschaften und strategische Allianzen sollen gefördert werden.
- Die Informations- und Kommunikationstechnologien sollen zum Austausch zwischen den Teilhabern genutzt und spezialisiertes landwirtschaftliches Wissen und Informationssysteme geschaffen werden.
- Die Realisierung dieser Vision wird nachhaltige landwirtschaftliche Produktionssysteme vor allem in den Entwicklungsländern bedeutend verbessern. In diesem Kontext wird es von grundlegender Bedeutung sein, sie den Menschen verständlich zu machen – sowohl der Land- als auch der Stadtbevölkerung, und zwar in der ganzen Welt.

Eine kleine Nachbemerkung für Tierfreunde

Parallel zur steigenden Bevölkerungszahl, der wirtschaftlichen Entwicklung und der Überalterung der Gesellschaft gibt es eine weitere Entwicklung, und zwar bei der Zahl der Hunde und Katzen. Nach einer Prognose von Promar International[11] werden in den nächsten zehn Jahren 180 Millionen Neukunden, vor allem in städtischen Gegenden, die Gesamtzahl der Haustiere und die Menge des verkauften

Tierfutters erhöhen. 1998 gab es weltweit 235 Millionen Hunde und 245 Millionen Katzen. Diese Zahl wird sich bedeutend erhöhen.[12] Der globale Markt für Tierfutter wird sich bis zum Jahr 2010 von 58 Mrd. US-Dollar auf mehr als 84 Mrd. vergrößern. In Deutschland gab es im Laufe der neunziger Jahre einen wesentlichen Anstieg bei der Zahl der Katzen und Hunde. Zurzeit leben in Deutschland 5,2 Millionen Hunde und 6,2 Millionen Katzen. Um all diese Haustiere zu füttern, brauchen wir urbares Land in einer Ausdehnung, die der Ausdehnung des gesamten urbaren Landes der Bundesländer Hessen und Baden-Württemberg entspricht, fast neun Prozent des bebaubaren Landes in Deutschland, oder ungezählte Hektar weniger fruchtbaren Landes in den Entwicklungsländern.

1 Deutsches Institut für Ernährung und Diätetik, 2000.

2 Schartz, P. und Leyden, P.: The Long Boom: A History of the Future, 1980–2020, 1998. www.wired.com/wired/5.07/longboom.html.

3 Mazza, G. und Oomah, B. D.: Functional Food Products from Selected Canadian Crops, 2000, www.ift.org/international/vol_1/focus1-1.shtml.

4 McCalla, A.: Agriculture in the 21st Century, CIMMYT Economics Program, Fourth Distinguished Economist Lecture, Mexico, D. F., CIMMYT, 2000.

5 a. a. O.

6 Hinrichsen, D.: Feeding a future world, www.oneworld.org/patp/pap_7_1/hinrichsen.html.

7 Ruben, R. und Lee, D. R.: Combining internal and external inputs. For sustainable intensification, IFPRI, 2020 Brief 65, 2000.

8 Sehgal, S.: Agricultural Biotechnology and Seed Industry: Some Implications for Food Production and Security, in: Agricultural Biotechnology in Developing Countries: Towards Optimizing the Benefits for the Poor, Qaim, M.; Krattinger, A. und von Braun, J. (Hgg.), Kuiwer Academic Publishers, 2000.

9 Wambugu, F.: Case Study: North-South-Transfer of Biotechnology to

East Africa, in: International Workshop on Biotechnology for Crop Production – its Potential for Developing Countries, Berlin, 9.–13. Dezember 1996.

[10] Brown, P.: Unveiled: the GM rice that could feed the world, www.mg.co.za/mg/news/2000mar2/31mar-genetic.html 2000.

[11] Promar International: Unleashing Opportunities in Global Petfood: Strategies to 2010, Oktober 2000, www.promarinternational.com.

[12] Euromonitor Report, World Trends Petfood Industry, März 2000, S. 4–16.

Gesundheit

Betrachtet man die weltweite Sterblichkeitsrate und die wachsende Lebenserwartung der Menschen, könnte man glauben, der Gesundheitszustand der Menschheit habe sich im 21. Jahrhundert verbessert. Die rund 300 Experten, Mediziner, Wissenschaftler und Vertreter von Gesundheitsorganisationen des 6. Dialogs aber warnten vor unberechtigter Euphorie. Man war sich einig, dass trotz der zweifelsohne großen medizinischen Errungenschaften des gerade zu Ende gegangenen Jahrhunderts der allgemeine Gesundheitszustand der Menschheit sich keineswegs gebessert hat. Es fällt vor allem die große Diskrepanz zwischen den entwickelten und unterentwickelten Ländern auf, denn die Hälfte der Menschheit hat nicht einmal das Nötigste für ein menschenwürdiges Dasein, weder ein entsprechendes Heim noch ausreichende Nahrung, geschweige denn eine angemessene Gesundheitsversorgung.

Gro Harlem Brundtland, Generaldirektorin der Weltgesundheitsorganisation (WHO), plädierte auf der Konferenz in Hannover für einen Kampf gegen diese menschenunwürdige Armut, und dazu gehöre unbedingt die Bekämpfung von Krankheiten. Als Beweis dafür führte sie die Entwicklung in Europa im 19. Jahrhundert und die neueste Entwicklung in Ostasien an:

„Wie in Europa am Ende des 19. und zu Beginn des 20. Jahrhunderts sehen wir, dass Entwicklungsländer, die in Gesundheit investieren, mit größerer Wahrscheinlichkeit ein größeres Wirtschaftswachstum erreichen. So hat sich z. B. in Südostasien in den zwanzig Jahren vor dem größten wirtschaftlichen Aufschwung der Geschichte die Lebenserwartung um mehr als 18 Jahre erhöht. Eine neue Analyse für die Asian Development Bank zog den Schluss, dass ein volles Drittel des phänomenalen asiatischen Wirtschaftswachstums zwischen 1965 und 1997 auf Investitionen in den Gesundheitsbereich zurückzuführen war."

Also mehr Investitionen direkt in das Gesundheitswesen? Die Menschen gesund machen, damit sie produktiver werden und damit die Volkswirtschaft ankurbeln können? Eine These, die zu diskutieren ist, kann doch die Armut anerkanntermaßen nur durch ein Bündel von Maßnahmen bekämpft werden. Nachweisbar konnten z. B. jene Länder die Spirale der Armut durchbrechen, deren Regierungen politische Stabilität garantierten und so ausländische Investoren ins Land lockten. Hinzu kamen in diesen Ländern stets große Investitionen in das Bildungswesen.

Die Veranstalter des 6. Global Dialogue hatten vor allem zwei Gefahrenquellen für die Gesundheit zum Thema gemacht: das Rauchen und Aids.

Derek Yach, Leiter der Abteilung „Nicht übertragbare Krankheiten" bei der WHO, setzte sich vehement für eine rauchfreie Gesellschaft ein und griff in seiner von der Presse viel beachteten, mutigen Rede die deutsche Bundesregierung an. Er warf ihr vor, sie schätze das Interesse des Staates an Steuereinnahmen offensichtlich höher ein als das Recht seiner Bürger auf körperliche Unversehrtheit. Weiter kritisierte er, die Bundesrepublik sei neben Kasachstan, Kirgisistan und der Ukraine das einzige europäische Land, das keine nationale Gesetzgebung zur Tabakkontrolle habe. Gegen das generelle Tabakwerbeverbot, 1998 von der EU-Kommission beschlossen, habe die Bundesrepublik umgehend Veto eingelegt. „Deutschland hat sich gegen das vorgeschlagene EU-Werbeverbot gestellt – und ist so in das Lager von Camel Boots gewechselt!"

Jedes Jahr sterben 120.000 Menschen in Deutschland infolge von Nikotinsucht.[1] Vier Millionen sind es weltweit.

Ebenso global ist das Problem der Bekämpfung von Aids. Innerhalb von nur wenigen Jahrzehnten hat sich diese Krankheit zu einer weltweiten Pandemie entwickelt, Ende der neunziger Jahre infizierten sich jede Minute elf Menschen mit dem Aids-Virus HIV. Vor allem in den Ländern südlich der Sahara und in Südostasien fordert die Krankheit ihren Tribut.[2]

Welche Ursachen zu dieser gewaltigen Ausbreitung vornehmlich in den armen Gebieten führten und noch führen, welche Rolle dabei die Globalisierung spielt, darüber referierte Kathleen Cravero, Deputy Executive Director des Joint United Nations Programme on HIV/AIDS (UNAIDS).

[1] Davon sterben 54.000 an Herzleiden, 42.000 an Krebs und 20.000 an chronischem Lungenleiden. Derek Yach, „The tobacco epidemic: a global overview", 2000.

[2] Subsahara 22,5 Mio. Infizierte; Südostasien 6,7 Mio. Im Vergleich: Süd- und Mittelamerika 1,73 Mio.; Nordamerika 890.000; Ostasien/Pazifik 560.000; Westeuropa 500.000; Osteuropa/Zentralasien 270.000; Nordafrika/Nahost 210.000; Australien/Neuseeland 12.000, Quelle: UNAIDS.

Globalisierung, Aids und die Menschenrechte

Kathleen Cravero

Aids ist zu einer weltweiten Epidemie geworden. Nach den letzten Schätzungen von UNAIDS und der Weltgesundheitsorganisation (WHO) haben 34,3 Millionen Menschen das 21. Jahrhundert als HIV-Infizierte begonnen; 18,8 Millionen Menschen sind bereits an mit Aids zusammenhängenden Krankheiten gestorben. Kein Teil dieser Welt ist von der Infektion verschont geblieben, obwohl einige Regionen offensichtlich stärker betroffen sind als andere. In den frühen neunziger Jahren wurde HIV/Aids offiziell aus 164 Ländern gemeldet. Aids ist eine relativ neue Krankheit, da sie erst Mitte bzw. Ende der siebziger Jahre festgestellt wurde. Deshalb und wegen der langen Inkubationszeit konnten die tatsächlichen Auswirkungen der Epidemie noch gar nicht festgestellt werden. Dies macht es natürlich schwierig, eine Beziehung zu den derzeit herrschenden wirtschaftlichen, sozialen und politischen Kräften herzustellen.

Als Infektionskrankheit kennt Aids, ähnlich wie die Globalisierung, weder Staatsgrenzen noch nationale Autoritäten. Der Zusammenhang zwischen Globalisierung und der Ausbreitung von HIV/Aids ist jedoch relativ komplex. Offensichtlich übersteigt Aids die Kontrollfähigkeiten der einzelnen Regierungen, trotzdem müssen die einzelnen Staaten mit den Auswirkungen der Epidemie innerhalb ihrer Grenzen fertig werden. Um die Ausbreitung von Aids einzudämmen, ist eine internationale Zusammenarbeit nötig, die jedoch je nach Situation erheblich variieren kann. Dieses Referat skizziert eine Zahl von Schlüsselbeziehungen zwischen Aids und Globalisierung. Bei vielen Punkten handelt es sich um Hypothesen und Fragen, da wir uns noch mitten im Lernprozess befinden.

Es gibt zumindest eine Ähnlichkeit zwischen der Ausbreitung von HIV und der Globalisierung. Beide scheinen einen analogen Prozess zu durchlaufen: einer als tödlicher Virus und der andere als Entwicklung hin zu integrierten Märkten in verschiedenen Weltgegenden. Aber jeder Prozess ist anders, und es gibt bedeutende regionale und lokale Varianten bezüglich der Auswirkungen, Ergebnisse und programmatischen Antworten, so dass sie sich jeglichen Verallgemeinerungen verweigern.

Aids begann als Krankheit homosexueller Männer aus mittleren Einkommensschichten in Industrieländern; mittlerweile befällt sie hauptsächlich arme heterosexuelle Gruppen in Entwicklungsländern. HIV/Aids ist von einer Krankheit der Reichen zu einer Krankheit der Armen geworden. Zu Beginn des 21. Jahrhunderts leben ungefähr 95 Prozent der Infizierten in Entwicklungsländern. Aber sogar diese Verallgemeinerung, dass die Krankheit nun eine Plage der Armen ist, muss mit Vorsicht gehandhabt werden. In manchen armen Gebieten dieser Welt sind die Auswirkungen von Aids überproportional unter den Eliten und in den oberen Einkommensklassen zu spüren.

Dieses Referat wird sich auf Faktoren konzentrieren, die mit der heterosexuellen Übertragung der Krankheit zu tun haben, wobei ihre Beziehung zur Globalisierung hervorgehoben wird.

Anfang 1992 gab es 12,9 Mio. HIV-Infizierte[1], Ende 1999 waren es bereits 34,3 Millionen. Was die Anzahl der Infizierten und die Verbreitung unter Erwachsenen angeht, so sind mit 70% der Infizierten eindeutig die Länder südlich der Sahara das Zentrum der Epidemie. Was jedoch die Zahl der neuen Infektionen angeht, haben die asiatischen Länder die höchste Wachstumsrate. In den Gebieten, wo die Epidemie am heftigsten ist, und dort, wo sie sich am schnellsten ausbreitet, ist heterosexueller Geschlechtsverkehr der Hauptübertragungsweg.

Während all dies wohl bekannt ist, ist noch nicht klar, welche Rolle bestimmte globale Kräfte spielen, ob sie die Verbreitung verursachen oder erleichtern.

Globalisierung schreitet durch direkte Fremdinvestitionen (FDI), erhöhtes Handelsaufkommen und die Integration der Märkte voran. Bis heute erfolgen praktisch alle direkten FDIs – 1998 waren es 71,5 Prozent – in den so genannten „entwickelten" Ländern. Vor der Wirtschaftskrise in Asien lagen die FDIs in den entwickelten Ländern „lediglich" bei 59 Prozent, wobei ungefähr 20 Prozent in die Länder Süd-, Ost- und Südostasiens flossen. Von Mitte bis Ende der neunziger Jahre floss durchgehend nur ein Prozent der Direktinvestitionen in die afrikanischen Länder südlich der Sahara. Und gerade in dieser Region ist die Infektion am weitesten verbreitet.

Neben Ost- und Südostasien sind Lateinamerika und die Karibik die Regionen der sich entwickelnden Welt, die am engsten mit dem globalen Wirtschaftssystem verknüpft sind. 1998 flossen elf Prozent der Direktinvestitionen in diese Region, der größte Teil in die größten Länder Brasilien, Mexiko, Argentinien und Chile. Interessanterweise ist nach neuesten Erkenntnissen sowohl in Brasilien als auch in Mexiko die HIV-Infektionsrate gesunken, in Argentinien zwischen 1996 und 1998 um ca. 40 Prozent.

In Lateinamerika befindet sich das Zentrum der Epidemie in den kleineren Ländern der Karibik und Mittelamerikas. Es sind genau die Länder, die für ausländische Investoren am unattraktivsten sind: Haiti, Belize und Guyana.

Der globale Handel zeichnet ein ähnliches, wenn auch nicht völlig identisches Muster wie die ausländischen Direktinvestitionen. Jüngste Zahlen der UN-Handels- und Entwicklungskonferenz (UNCTAD) zeigen, dass zwischen 1950 und 1996 der Wert des weltweiten Handels um das Achtzigfache auf ungefähr 5,3 Billionen US-Dollar gestiegen ist. Der Anteil der weltweiten Exporte aus den Industriestaaten erhöhte sich von 60,6 Prozent im Jahr 1950 auf 67,4 Prozent im Jahr 1996, während ihre Importrate im gleichen Zeitraum nur sehr wenig anstieg, nämlich von 65,5 auf 66,7 Prozent. Mit Ausnahme von Südafrika haben die Länder südlich der Sahara in diesem Zeitraum einen Rückgang ihres Anteils an den Weltexporten von 3,3 auf 1,1 Prozent hinnehmen müssen, während ihr Anteil an Importen von 3,1 auf 0,9 Prozent sank. Auch die Exporte Lateinamerikas und des karibischen Raums sanken von 12,1 auf 4,8 Prozent, während ihre Importe sich im gleichen Zeitraum von 10 auf 5,1 Prozent verringerten.

Die makroökonomischen Daten scheinen zu zeigen, dass genau jene Regionen, deren Verbindung zu der weltweiten Wirtschaft am schwächsten ist, nämlich die Länder südlich der Sahara, am stärksten von der HIV-Infektion betroffen sind. Es gibt tatsächlich ein umgekehrt proportionales Verhältnis zwischen der Anzahl der HIV-Infizierten und dem Grad der Globalisierung. Allgemein scheint es ein Mangel an Globalisierung zu sein – mit dem Ergebnis einer schwachen Integration in die globale Wirtschaft –, der die Bedingungen für eine anhaltende Ausbreitung des Virus schafft.

Die wirtschaftlichen Auswirkungen von HIV/Aids

Aus dem Schlusskommuniqué der gemeinsamen Konferenz des Internationalen Währungsfonds (IWF) und der Weltbank vom April 2000 geht hervor, dass die HIV/Aids-Epidemie nicht nur ein ernstes Problem im Gesundheitssektor darstellt, sondern auch die gesamte Entwicklung eines Landes gefährdet. Der Bericht legt dar, dass Aids das Wirtschaftswachstum schwächt, die Regierbarkeit eines Landes herabsetzt, die Qualität und Verfügbarkeit von so genanntem Humankapital, die Arbeitsproduktivität und das Investitionsklima schwächt. Beweise zeigen, dass eine Marginalisierung innerhalb der Weltwirtschaft zu einer Erhöhung der HIV-Rate führt; eine hohe HIV-Rate verstärkt noch die Marginalisierung. So entsteht ein klassischer Teufelskreis.

Doch die Auswirkungen von HIV/Aids auf die wirtschaftliche Entwicklung sind möglicherweise nicht durchweg negativ. Es gibt einen „überwältigenden Mangel an Beweisen, um die Ansicht zu unterstützen, dass Aids das Wirtschaftswachstum behindert".[2] Vielleicht liegt es daran, dass gerade die Armen, schlecht Ausgebildeten und all jene, die nicht von der staatlichen Gesundheitsfürsorge und der Sozialhilfe erreicht werden, einen überproportional hohen Anteil an den von Aids Betroffenen stellen. Die Epidemie versetzt den bereits am Hungertuch nagenden Haushalten harte Schläge.

Eine der schwersten Lasten für Länder mit einer hohen HIV-Infektionsrate sind die Kosten, die durch die Pflege der Aids-Kranken entstehen. Es ist sehr schwer, für die Entwicklungsländer genaue Angaben zu diesen Kosten zu machen, da sie nicht nur die Kosten für die Aids-Behandlung beinhalten, sondern auch diejenigen, die von den zahlreichen Infektionen verursacht werden, die die Krankheit nach sich zieht. In Entwicklungsländern, in denen die jährlichen Regierungsausgaben für Gesundheit weniger als 10 US-Dollar pro Kopf betragen, sind die Budgets bereits durch die Kosten für endemische Krankheiten wie Malaria oder Bilharziose enorm belastet; die durch Aids verursachten zusätzlichen Kosten bringen sie oft an den Rand des Ruins. Anfang der neunziger Jahre lebten in den Ländern südlich der Sahara 63 Prozent aller gemeldeten Aids-Infizierten, aber es wurden nur knapp zehn Prozent der weltweiten Ausgaben für die Pflege von Aids-Patienten ausgegeben. Den Industriestaaten ist es leichter gefallen, die Aids-Kosten mit den bestehenden Budgets abzudecken, und so ist die Lebenserwartung der Aids-Kranken kontinuierlich gestiegen. In den Industrieländern wird Aids zu einer chronischen Krankheit, während es in den Entwicklungsländern weiterhin einen frühen, schmerzhaften Tod bedeutet.[3]

Im Prinzip erhöhen die Öffnung der Märkte und der freie Fluss von Waren und Kapital auch die Mobilität eines weiteren Produktionsfaktors, nämlich der menschlichen Arbeit. Obwohl Barrieren errichtet werden, führt die Nachfrage in vielen Teilen der Welt zu konstanter Mobilität. Dies trifft vor allem auf Süd- und Südostasien zu, wo diese Mobilität bereits dazu geführt hat, dass weniger Kinder geboren werden, so dass zusätzlicher Druck entsteht, Arbeitskräfte zu „importieren“. Das Ergebnis ist eine zunehmende Einwanderung undokumentierter oder illegaler Arbeitskräfte, da die oben erwähnten Barrieren und die Einwanderungspolitik, die mit der veränderten Nachfrage nach Arbeitskräften nicht Schritt hält, die ausländischen Arbeitskräfte in den „Untergrund“ zwingen.

Die Mobilität der Menschen, die mit der Globalisierung einhergeht, schafft neue Verbindungen und bringt soziale

Gruppen und geografische Gebiete zusammen, die früher wenig Kontakt zueinander hatten. Diese neuen Muster menschlicher Interaktion, in denen sich verschiedene Kulturen, Gesellschaften und Einkommensgruppen überschneiden, sind ein wesentlicher Bestandteil der Globalisierung. Sie sind auch von grundlegender Bedeutung für die Verbreitung von HIV.

Wanderarbeiter werden als besonders gefährdete Risikogruppe für HIV-Infektionen angesehen.[4] Sie werden oft in mehrere Unterkategorien eingeteilt, z. B. Fischer, Bauarbeiter oder Lastwagenfahrer, und einige dieser Untergruppen werden als Schlüsselfaktoren bei der Verbreitung der Epidemie entlang der Haupttransportrouten angesehen. Auch manche Staatsangestellte, darunter Lehrer und Polizeibeamte, werden als Risikogruppen betrachtet.

Nicht alle diese Kategorien der Wanderarbeiter bewegen sich auf internationaler Ebene; die oben genannten beispielsweise bewegen sich hauptsächlich innerhalb ihrer eigenen Länder. Und doch ist es der ausländische Arbeitnehmer, dem in der Regel die größte Schuld für die Aus- und Verbreitung von Aids gegeben wird und dem oft obligatorische Tests auferlegt werden.[5] Dabei belegen nur wenige Daten eine unmittelbare Kausalität zwischen internationalen Wanderarbeitern und HIV/Aids. So gibt es kaum nachweisbare Daten, dass Migranten aus Myanmar (bis 1989 Birma) in Thailand eine höhere Infektionsrate hätten als einheimische Thailänder oder dass die HIV-Infektionsrate unter den Tausenden Frauen von den Philippinen, aus Sri Lanka oder Thailand, die als Hausangestellte in Hongkong, Malaysia, Singapur und im Nahen Osten arbeiten, außergewöhnlich hoch wäre.

Die internen Bevölkerungsströme sind sorgfältig zu untersuchen, will man die Auswirkungen der Globalisierung auf die Ausbreitung von Aids analysieren. Die Zahl von Menschen, die sich innerhalb eines Landes bewegen, liegt normalerweise viel höher als die Zahl der Menschen, die ins Land kommen oder es verlassen. Und nicht nur Männer gehen ein Risiko ein, wenn sie auf der Suche nach Arbeit in Städte, auf Plantagen oder in andere Arbeitszentren ziehen. Die daheim gebliebenen Frauen laufen auch Gefahr, von ihren Ehemännern angesteckt zu werden, wenn diese infiziert zurückkommen.

Wie schon angemerkt, ist das Infektionsrisiko für internationale Wanderarbeiter oft geringer als für die internen. Die eher „typischen" internationalen Wanderarbeiter müssen oft viel Zeit und Geld investieren, um einen Vertrag zu erhalten. Zweitens bewegen sie sich in einem größtenteils unbekannten Umfeld, was sie möglicherweise dazu motiviert, in potentiell risikoreichen Situationen ein Kondom zu benutzen. Drittens mag sie das Risiko, getestet und bei einem positiven Befund des Landes verwiesen zu werden, ebenfalls darin bestärken, verantwortungsbewusster zu handeln.

Der springende Punkt ist jedoch der, dass nicht nur Wanderarbeiter, sondern alle mobilen Bevölkerungsgruppen ein potentiell hohes Risiko eingehen. Deshalb ist es vielleicht besser, sich auf risikoreiche Situationen zu konzentrieren (z. B. Plantagen oder Baustellen nach dem Zahltag, periodisch stattfindende Märkte auf dem Land, regelmäßig stattfindende Märkte in der Stadt), statt auf stark gefährdete Gruppen. Interventionen sollten sich auf diese Situationen konzentrieren. In vielen Gegenden gibt es keine wirklichen Unterschiede zwischen internationalen und internen Wanderarbeitern, besonders, wenn Landesgrenzen kulturelle und ethnische Gruppen zerschneiden oder trennen, wie es in vielen Teilen Afrikas der Fall ist. Wenn man sich auf die Situation konzentriert, legt man mehr Gewicht darauf, wo die Krankheit weiterverbreitet wird, statt darauf, wer für die Verbreitung sorgt.

Es gibt viele Leute, die unterwegs sind, ohne Wanderarbeiter zu sein, wie Händler oder normale Besucher von lokalen und regionalen Märkten und Erholungsstätten. Die Mobilität an sich ist nicht annähernd so bedeutend wie das Verhalten der mobilen Bevölkerungsgruppen. Menschen mit risikoreichen Verhaltensweisen, die nur lokal und für kurze Zeitspannen mobil sind, verbreiten die Krankheit genauso effektiv wie Menschen mit ähnlichen Verhaltensmustern, die über größere Distanzen und für längere Zeit mobil sind. Das erhöhte lokale Handelsvolumen sowohl im ländlichen als auch im städtischen Raum bringt mehr Geld in die Gemeinden vor Ort und kann, wenn Alkohol, Gruppendruck und käuflicher Sex vorhanden sind und aufgrund der Vertrautheit mit der örtlichen Umgebung, zu Situationen führen, die ein größeres Risikopotential in sich tragen als jene, in denen Wanderarbeiter sich befinden, wenn sie sich einer unbekannten und potentiell feindlich gesinnten fremden Umgebung gegenübersehen.

Tourismus und HIV/Aids

Die gesteigerte Mobilität wird auch mit dem Tourismus in Verbindung gebracht, eine Branche, deren Wachstum durchaus von der Globalisierung gefördert wird. Weltweit gab es 1997 ca. 610,8 Millionen Touristen.[6] Ihre schiere Zahl macht es fast unmöglich, die Ausbreitung der Epidemie aufzuhalten. Es ist für ein Land unmöglich, alle Einreisenden einem Test zu unterziehen und sich dennoch weiterhin den Ruf eines touristenfreundlichen Reiseziels zu bewahren. Da der

Tourismus in manchen Entwicklungsländern eine der Haupteinnahmequellen für Devisen ist, muss er gepflegt werden.

Die Regierungen gehen daher gerne davon aus, dass die meisten Kurzzeittouristen entweder kein bedeutendes Risiko für die einheimische Bevölkerung darstellen oder, verglichen mit den Wanderarbeitern, die längere Zeit im Land bleiben, kein risikofreudiges Verhalten zeigen. Diese Annahme ist jedoch nicht notwendigerweise richtig. Allerdings ergreifen die Regierungen Maßnahmen, um die Touristen zu schützen, indem sie z. B. „sichere" Vergnügungsstätten einrichten. Denn kein Land hat Interesse daran, eine hochprofitable Industrie durch negative Schlagzeilen zu gefährden. Allein die Tourismusindustrie in Thailand konnte 1997 rund 7 Mrd. US-Dollar verbuchen.

Hinzu kommt, dass die Mehrheit der ausländischen Touristen nach ihrer Heimkehr tatsächlich kein risikoreiches Verhalten zeigt. Es ist also anzunehmen, dass sie, selbst wenn sie infiziert sind, in ihrer eigenen Gesellschaft nur innerhalb ziemlich begrenzter sexueller Bereiche agieren. Die allgemeine Schlussfolgerung von Decosas und seinen Kollegen, dass sie „keine bedeutende (Aids-)Epidemie bemerkt haben, die von ausländischen Immigranten verursacht wurde", scheint ebenfalls für heimkehrende Touristen zu gelten.[7]

Eine der Folgen der Marginalisierung weiter Teile der Welt ist der kontinuierliche Kreislauf von Armut, Gewalt und sozialen Unruhen. So ist es nicht verwunderlich, dass sich bis in die neunziger Jahre hinein in den ärmsten Regionen, in den Ländern südlich der Sahara, große Flüchtlingsströme gebildet haben. Während nur zehn Prozent der Weltbevölkerung dort lebten, beherbergten diese Länder 1997 35 Prozent der „Sorgenkinder“ des Hohen Flüchtlingskommissars der Vereinten Nationen (UNHCR).

Es ist davon auszugehen, dass die Gruppen junger Kämpfer, besonders in Ost- und Zentralafrika, zur raschen Ausbreitung der Epidemie beitragen. Sogar wenn die Leute sich der Existenz der Krankheit bewusst sind, senkt die Herausforderung des täglichen Überlebenskampfes in Kriegen oder Katastrophen die Wahrscheinlichkeit, dass die Menschen sich Sorgen wegen einer Infektion machen, die sie erst Jahre später töten wird. In den Camps und Sammelstellen, in denen die Menschen zwar relativ sicher sind und Zugang zu Nahrungsmitteln und medizinischer Versorgung haben, schafft die Konzentration von Zehntausenden Menschen zusammen mit dem Wegfall kultureller Moralvorstellungen einen fruchtbaren Boden für die Verbreitung der Krankheit. Die sozialen Verhaltenskontrollen junger Leute, die oft von ihren Familien und traditionellen Autoritäten getrennt sind, verschwinden schnell, und das hat gefährliche Konsequenzen.

Im Januar 2000 hat der UN-Sicherheitsrat die Auswirkungen von Aids auf Frieden und Sicherheit in Afrika diskutiert. Es war das erste Mal, dass in diesem Forum auf diese Art über ein Thema aus den Bereichen Gesundheit oder Entwicklung debattiert wurde.

Während es zu diesem Zeitpunkt schwierig ist, mit Bestimmtheit zu sagen, dass Aids weltweit eine Bedrohung für Frieden und Sicherheit darstellt, so ist es umgekehrt doch offensichtlich, dass die Auswirkungen der Epidemie durch Konfliktsituationen, sozialen Unfrieden und allgemeine Instabilität verstärkt werden. Ebenso klar ist es, dass es spezieller Strategien und Interventionen bedarf, um HIV/Aids in komplexen Notfällen zu verhindern und zu kontrollieren.

Gemäß der allgemeinen Erklärung der Menschenrechte darf kein Mensch aufgrund seiner Religion, Rasse, Nationalität oder politischen Meinung diskriminiert werden. Mehrere der Artikel dieser Erklärung besagen, dass, solange eine Person keine Gefahr für andere darstellt, keine diskriminierenden Maßnahmen gegen ihn oder sie ergriffen werden dürfen – auch nicht aufgrund seines oder ihres Gesundheitszustandes. Die Angst vor Aids hat in verschiedenen Ländern dazu geführt, dass eine Reihe von restriktiven oder Zwangsmaßnahmen eingeführt wurde. Die meisten neuen Gesetze bezüglich Aids orientieren sich an Gesetzen, die entworfen wurden, um die Ausbreitung von durch Geschlechtsverkehr übertragenen Infektionen zu verhindern (sexually transmitted infections, STI). Diese Gesetze waren jedoch generell nicht in der Lage, die Ausbreitung von STI aufzuhalten, während sie gleichzeitig oft den Menschen schaden, die von diesen Infektionen betroffen sind. Wenn ein Land das Bedürfnis hat, Gesetze zu erlassen, um die Gesundheit seiner Bürger zu schützen, so sollte dies nicht auf Kosten der Menschenrechte von Minderheiten (oder Ausländern) geschehen.

Schlussfolgerung

Der Zusammenhang zwischen Globalisierung und Aids ist komplex. Einerseits ist es klar, dass, wenn Märkte nur schwach in die Weltwirtschaft integriert sind, die Verbreitung von HIV begünstigt wird. Andererseits breitet sich die Krankheit in den Gebieten, in denen die Staatsgewalt, verglichen mit den Kräften des internationalen Kapitals, schwach ist, relativ langsam aus. Diese letztgenannte Situation herrscht hauptsächlich in den am besten entwickelten Ländern vor, die gleichzeitig auch am „globalisiertesten" sind. Die Entwicklungsländer sind in diesem globalen System nur Randfiguren und können dessen Vorteile nicht nutzen.

Aber die Globalisierung kann auch zur Verbreitung der Epidemie beitragen. Eine der Möglichkeiten ist die erhöhte Bevölkerungsmobilität, die mit der Marktintegration einhergeht. Dies schließt die internationale Arbeitsmobilität, sei sie legal oder illegal, ebenso ein wie den globalen Tourismus, auch wenn sein Einfluss auf die Verbreitung von HIV als minimal eingestuft wird. Von größerer Bedeutung sind die Migrationsbewegungen innerhalb eines Landes; ein Großteil dieser Bewegungen erfolgt kreisförmig und ist nur von kurzer Dauer. Es gibt zahlreiche Verzahnungen zwischen internationalen und nationalen Migranten, und in Fällen, wo nationale Grenzen kulturelle oder ethnische Einheiten trennen, ist die Unterscheidung zwischen diesen zwei Migrationsgruppen praktisch nicht mehr existent. Aus diesen Gründen sind Versuche, die Ausbreitung der Epidemie durch Kontrolle der internationalen Migration zu begrenzen, ziemlich ineffektiv, da Letztere nur ein Element eines komplexen Systems der Bevölkerungsmigration ist, das wiederum Teil des Globalisierungsprozesses ist.

Zu Beginn des Globalisierungsprozesses braucht ein Land vor allem viele ungelernte Arbeitskräfte, die in großen Konzentrationen und oft in Armut und unter unhygienischen Bedingungen leben müssen, wodurch die Ausbreitung von HIV/Aids begünstigt wird. Mit der Zeit schafft der steigende Wettbewerbsdruck jedoch einen Bedarf an höherer Produktivität, die qualifiziertere Arbeitskräfte erfordert, die mit dem steigenden technologischen Standard umgehen können. In diesem späteren Stadium steigt die Wahrscheinlichkeit, dass das Management Schritte unternimmt, um seine Belegschaft vor der Krankheit zu schützen und um die

Kenntnis und das Bewusstsein bezüglich der Gefahren des Virus zu fördern. Natürlich gibt es eine Reihe regionaler Variationen und Reaktionen auf die Epidemie, die eine einfache Verallgemeinerung erschweren. Trotzdem kann man behaupten, dass Aids dort am häufigsten vorkommt, wo die Globalisierungskräfte am schwächsten sind, und dass die Faktoren, die die Verbreitung der Epidemie in den frühen Phasen der Globalisierung erleichtern (z. B. größere Bevölkerungsmigrationen), durch andere Faktoren ausgeglichen werden, die mittel- und langfristig die HIV-Verbreitung mindern (z. B. bessere Bildungsmöglichkeiten).

Die internationale Gemeinschaft kann eine entscheidende Rolle dabei spielen, mit den Auswirkungen der Globalisierung auf die Aids-Epidemie fertig zu werden. Dazu muss jedem Land dabei geholfen werden, die Kräfte zu analysieren, die innerhalb des Landes und über die Grenzen hinaus die Epidemie fördern, effektive und nachhaltige lokale Vorgehensweisen zu entwickeln und entsprechend der Epidemie-Entwicklung Strategien und Eingriffsmöglichkeiten anzupassen. Nicht die Globalisierungskräfte sind zu bekämpfen, sondern ihre potentiellen negativen Auswirkungen. Dabei sollte vor allem darauf geachtet werden, die Menschenrechte aller Bürger zu schützen, auch der mit HIV Infizierten. Eine Stigmatisierung bestimmter Gruppen sollte vermieden werden. Wir wissen genug über HIV/Aids-Prävention und -Behandlung, um diese Länder auf den richtigen Weg zu bringen. Die Herausforderung liegt darin, den politischen Willen aufzubringen, unsere Kenntnisse für die Schaffung einer stärkeren, gesünderen Welt einzusetzen.

[1] Mann, J.; Tarantola, D. J. M. and Netter, T. (Hgg.), Aids in the World, Cambridge, 1992.

[2] Bloom, D. E. and Godwin, P. (Hgg.), The Economics of HIV and Aids: The Case of South and Southeast Asia, New Delhi, 1997.
[3] Martin, A. L., „The cost of HIV/Aids care", in: J. Mann and D. J. M. Tarantola (Hgg.), Aids in the World II: Global Dimensions, Social Roots and Responses, New York 1996, S. 390–413.
[4] Haour-Knipe, M. M. Leshabari and G. Lwihula 1999. „Interventions for workers away from their families", in L. Gibney, R. J. DiClementi and S. H. Vermund (eds.), Preventing HIV in Developing Countries: Biomedical and Behavioral Approaches, New York, Kluwer Academic, pp. 257–282.
[5] Mann, J.; Tarantola, D. J. M. and Netter, T. (Hgg.), Aids in the World, Cambridge 1992.
[6] World Tourist Organization, Yearbook of Tourism Statistics, Madrid 1999.
[7] Decosas, J.; Kane, F.; Anarfi, J. K.; Sodji, K. D. R. and Wagner, H. U., „Migration and Aids", Lancel 1995, vol. 346, S. 826 ff.; Gordenker, L.; Coate, R. A.; Jönsson, C. and Söderholm, P., International Cooperation in Response to Aids, London, 1995.

Bildung

„Bildung ist die entscheidende Waffe gegen Armut und Unterentwicklung, und das wichtigste Mittel dafür ist die Informationstechnologie", mit diesen Worten eröffnete Jean-Francois Rischard, Vizepräsident der Weltbank und verantwortlich für External Affairs Europe, den 7. Dialog. Weil die Informationstechnologie immer billiger werde, könnten die Länder der Dritten Welt endlich Anschluss an die Wissensbasen der entwickelten Staaten finden. „Wir stehen", verkündete Rischard, „vor einem epochalen Wandel." Eine These, die freilich auf der Veranstaltung in Frage gestellt wurde. Die Experten (aus den unterschiedlichsten Disziplinen: Linguistik, Rechtswissenschaft, Philosophie, Anthropologie, Theologie, Pädagogik), die von Weltbank und UNESCO nach Hannover eingeladen worden waren, bezogen eine dezidiert kritische Haltung zu dieser Fortschrittsgläubigkeit. Die oft propagierte These vom „Lernen durch Mausklick" sei sehr oberflächlich bis naiv, empirisch nicht haltbar, hieß es. Computer, Modems und Video-Studios seien zusätzliche und zweifelsohne sehr interessante Erweiterungen unserer Möglichkeiten, Verbindungen von Ideen und Personen herzustellen. Sie seien aber nur neue Träger, wie Buchdruck, Radio, Fax, Telefon etc.

Angesichts der Tatsache, dass 80 Prozent der Menschheit nicht einmal ein Telefon besitzen, wie Gudrun Kochendörfer-Lucius von der Hilfsorganisation Deutsche Stiftung für internationale Entwicklung (DSE) ausführte, und dass von insgesamt 225 Millionen weltweiten Internetnutzern 85 Millionen in den USA und 72 Millionen in Europa zu finden sind, wäre es in der Tat fragwürdig, eine direkte Proportionalität zwischen Wissen und mangelnder technischer Ausstattung in den armen Ländern anzunehmen.[1] Arm ist nicht gleichbedeutend mit unwissend, und die Gleichung wenige Computer gleich wenig Wissen ist ein Trugschluss.

Die neuen Technologien können zwar ein hilfreiches Medium sein, Wissen zu transferieren, allerdings stellt sich die Frage, welcher Art von Wissen das denn sein soll. So kritisierte die aus China stammende UNESCO-Direktorin und frühere Bildungsministerin Simbabwes, Fay Chung, die meisten für Computer aufbereiteten Daten orientierten sich eher an den Erfordernissen der Industrieländer als an denen der Dritten Welt. Gleichzeitig warnte sie aber vor einer Romantisierung afrikanischer Stammestraditionen. Es sei wichtig darüber nachzudenken, welche Wissensinhalte vermittelt werden sollten. Begriffe wie Wissen, Information, Weisheit, Lernen und Bildung sollten grundsätzlich überdacht werden. Es wurde ein ganzheitlicher Umgang mit Fragen von Bildung und Wissen gefordert und die These formuliert:

Das möglicherweise wichtigste Wissen ist das derzeit noch unbekannte Wissen. Dieses kann allerdings auch unter Rückgriff auf lokales Wissen oder auf Wissen aus anderen historischen Phasen entstehen bzw. sichtbar werden. Wesentlich sind die kulturellen und sozialen Formen, wie wir als Personen, als Lerngemeinschaft, als Gesellschaft und Wirtschaft die Verbindung mit dem Noch-nicht-Bekannten produzieren – durch Fragen, Gespräche, Lernziele, Forschen, Spiele und künstlerische Formen bis hin zu Gebet und Meditation.

Weitere Ergebnisse, die auf dem Global Dialogue 7 formuliert wurden:

- Es ist von der Grundprämisse auszugehen, dass Lernfähigkeit und Wissen im 21. Jahrhundert eine wesentliche

Basis menschlicher Entwicklung und menschlichen Wohlergehens darstellen, und dass das Entstehen von Lerngesellschaften das 21. Jahrhundert prägen wird. Gleichzeitig stellt sich die Frage, inwiefern vor dem Hintergrund der Marginalisierung großer Bevölkerungsteile die Möglichkeiten der modernen Kommunikationstechnologie und neue Lernansätze wirklich flächendeckend für die Verbreitung von Wissen und Information genutzt werden können.

- Unsere Lernfähigkeit hat eine physische Basis im Gehirn. Deshalb ist das körperlich-seelische Wohlergehen vor allem des Kindes von grundlegender Bedeutung.

- Je intensiver wir uns in der Gemeinschaft oder Gesellschaft engagieren, desto vitaler ist unser Wissenspotential.

- Der Entwicklungsbegriff der letzten fünfzig Jahre ist gekennzeichnet durch eine starke Polarisierung von Nord-Süd, von entwickelt und unterentwickelt. Auch der Begriff digital divide ist das Resultat einer solchen Spaltung. Der treffendere Begriff ist deshalb digital delay, nicht Kluft, sondern Verzögerung. Eine digitale Dominanz der OECD-Länder und der von ihnen über das Netz angebotenen Inhalte wird entschieden abgelehnt.

- Das neue Selbstverständnis der Weltbank als Wissensbank mit Führungsfunktion im Wissensmanagement ist sehr kritisch zu hinterfragen.

[1]Prognosen für 2001; 1998 waren es insgesamt 147 Mio. Internetnutzer, davon 57% aus den USA, 33% aus Europa. Quelle: European Information Technology Observatory, Globus, 1. 3. 1999.

Dimensionen des Wissens

Christine M. Merkel

In den gegenwärtigen Debatten über Globalisierung wird Wissen als entscheidender Rohstoff und Ware angesehen, welche man tendenziell aus dem jeweiligen Zusammenhang herauslösen kann, in dem sie hervorgebracht wurde. Dabei wird unterstellt, dass dieses Wissen grundsätzlich „unbegrenzt“ – last, but not least elektronisch – übertragen werden kann: Wissen gilt als wesentlicher Produktivfaktor der globalisierten Wirtschaft. Zwar waren Wissen und Information schon immer wesentliche Faktoren von Wirtschaftswachstum. Doch es gibt die These, wonach die jetzt beginnende Phase der globalisierten Wirtschaft als eine qualitativ neue zu bewerten ist, die sich von früheren Formen der Weltwirtschaft an einem präzisen Punkt unterscheidet. Die Informations- und Kommunikationstechnologien lösen den traditionellen Widerspruch zwischen Größenordnung und Flexibilität auf, weil die Netzwerkstrukturen sowohl zentralisierte Entscheidungsmacht als auch dezentralisierte Ausführung ermöglichen. Lernchancen und Bildungsmöglichkeiten kommt dadurch jedoch erhöhte Bedeutung zu: Sie entscheiden in potenziertem Maße über Lebenschancen, über die Teilhabe an Kapital, Kommunikation und Einfluss. Lernvorgänge rücken als eine Art Metatechnologie in den Mittelpunkt.

Unzureichendes Wissen wird dementsprechend als ein wesentlicher Grund angesehen für stagnierende Wirtschaftsentwicklung in der Mehrzahl der Länder der südlichen Hemisphäre und als eine der Ursachen von Arbeitslosigkeit in Industrieländern.[1]

Aus dieser Perspektive ergibt sich als wesentliche Frage, wie die Wissenskluft zwischen Nord und Süd, zwischen den Wisseneliten und den gering Qualifizierten zu überwinden ist. Das Hauptaugenmerk wird demzufolge fast ausschließlich auf den Zugang zu Wissen gerichtet, es werden überwiegend technologische und ökonomische Fragen der Informations- und Kommunikationstechnologien diskutiert, wobei sich die Informatik energisch als Leitwissenschaft der Wissensdebatte zu positionieren sucht. Das Management stark wachsender Wissens- und Informationsbestände in großen Unternehmensverbünden und Organisationen, das so genannte Knowledge Management, ist ein weiteres Merkmal der aktuellen Debatte.

Die angemessene Auswahl von Wissensinhalten gilt als eine entscheidende Frage für (selbst) organisierte Lernprozesse. Letzteres ist jedoch nicht primär eine Frage technologischer Bildung. Es erfordert die versierte Beherrschung von Kulturtechniken auf hohem Niveau, um im Informationschaos der Netze relevante Informationen zu finden, zu verarbeiten und kreativ anzuwenden und insbesondere auch selbst zu produzieren. Welche Anforderungen dies an die Grundlagen lebensbegleitender Lernfähigkeiten stellt, bleibt in dieser Variante der Wissensdebatte fast vollständig ausgeblendet.

Zudem koppelt sich dieser Wissensdiskurs von der kulturhistorisch und wissenschaftsgeschichtlich belegten Forschung über Genese, Pluralität, Grenzen und Veränderung von Wissenssystemen weitgehend ab. Wissen, das Gesellschaften der südlichen Hemisphäre hervorbringen und hervorgebracht haben, spielt in dieser Debatte kaum eine Rolle, es wird in seinem historischen Kontext so gut wie nicht erfasst, gewichtet oder anerkannt. Dies ist umso frappierender, als wichtige Stimmen aus Physiologie und Linguistik, wie z. B. Jared Diamond und Robin Dunbar, in den letzten Jahren bahnbrechende Forschungsarbeiten vorgelegt haben, welche die Selbstorganisationsprozesse menschlicher Wissensgesellschaften seit den Anfängen menschlicher Gesellschaftsformationen in neuem Licht erscheinen lassen.

Diese Perspektive gilt vergleichbar auch für Wissen aus traditioneller Landwirtschaft, für die Entstehung von Handwerkskunst, für das (Über-)Lebenswissen armer Leute und nomadischer Kulturen – auch in den Gesellschaften der OECD-Länder. Das von Frauen als Ergebnis sozialer gesellschaftlicher Arbeitsteilung geschaffene Wissen (vor allem aus den Bereichen Nahrungs- und Lebensmittel, Pflege, Gesundheit, Körperkultur, Ästhetik) kennt ebenfalls ein wechselhaftes Schicksal. Elemente dieser Wissenssysteme, die periodisch als wertvoll und relevant eingestuft werden, werden in der Regel aus dem ursprünglichen Produktionszusammenhang herausgelöst und verwertet. Forschungsinstitute und Industrien spielen oft eine Schlüsselrolle in der Aneignung und nutzen diese Wissensquellen anschließend in großem Maßstab. Die politischen Kontroversen um die Patentierung von Naturressourcen und um die Rechte an geistigem Eigentum spiegeln diese aktuellen Auseinandersetzungen.

Wie können unter diesen Bedingungen Individuen, Gemeinschaften und Gesellschaften eine solide Wissensbasis in ihrem eigenen Kontext entwickeln, die auch Fragen sozialer Verantwortung, ökologischer Nachhaltigkeit und gesellschaftlicher Veränderung berücksichtigt? Wie können sie diese Wissensbasis sichern und gegebenenfalls auch schützen? Wie können Zugangsmöglichkeiten zu diesen vielfarbigen und vielförmigen Wissensangeboten und unterschiedlichen Lernweisen sichergestellt werden? Der praxeologische Begriff der „Lerngesellschaft“ gewinnt in diesem Kontext neues Gewicht und neue Realität. Er hat das Potential, über nationalstaatliche Grenzen hinauszuweisen. Das europäische Schul-, Universitäts- und Bildungswesen der ersten Moderne (ca. 1500 bis ca. 1985) hat sich zwar als Form und Regelsystem international und weltweit verbreitet. Traditionellere Lernkulturen, wie z. B. das weit verbreitete Lehrlingswesen oder das Lernen in Gesprächszirkeln mit „weisen“ Menschen, wurden dabei sukzessive überformt oder überlagert. Substanz und Qualität dieser oft hybriden Bildungssysteme werden jedoch sehr unterschiedlich bis kontrovers beurteilt. Weder in der Tradition verwurzelt noch in der Moderne angelangt, sind Teile der weltweiten Bildungslandschaft sehr heterogen und ausgesprochen brüchig.

Das Entstehen von Lerngesellschaften lässt sich als weltweiter Prozess identifizieren, der das 21. Jahrhundert kennzeichnen wird. Lebensbegleitendes Lernen ist eine kulturelle Realität der menschlichen Zivilisation, es kann politisch-sozial verwirklicht werden, wenn es gewollt wird und nachdrückliche Unterstützung erfährt. Zunehmend wird dabei die klassische Gegenüberstellung von Individuum und Gemeinschaft zu einem dynamischen Verhältnis: Das persönliche Lernen in Gemeinschaft und in Netzen gewinnt ein immer größeres Gewicht. Die dabei zu beobachtende Wechselwirkung zwischen Globalisierung und zivilisatorischem Pluralismus ist widersprüchlich, höchst unterschiedlich und nicht notwendigerweise antagonistisch. Lokale und regionale Wissenskulturen sind herausgefordert, auf globale und globalisierende Entwürfe und Ansprüche zu antworten. Bildung hat hier eine mentale und materielle Rolle zu spielen, um diese Tendenzen in Einklang zu bringen. Der Prozess und der Weg im Einzelnen verlaufen jedoch widersprüchlich. Dies hängt zum einen davon ab, wie viel Zwang und Einfluss durch Kolonialmächte, Fremdbestimmung, Missionierung und Dysfunktionalität die vorgefundenen Bildungssysteme auszeichnet. Zum anderen spielt es eine Rolle, aus welchen eigenständigen Traditionen, aus welcher konzeptionellen Kreativität und welchen Demokratisierungspotenzialen geschöpft werden kann.

[1] World Development Report 1998/1999, Knowledge for Development, Washington D. C., World Bank.

Die Entkolonialisierung der Gedanken

Statements von Laila Iskandar Kamel und Maria-Louisa Doronila

Wie Bildung und Wissen aus der Perspektive einer Gesellschaft gesehen werden, die nicht zur Ersten Welt zählt, zeigte sich deutlich in einer von Sabine Christiansen moderierten Talkshow. Ihre Gäste waren unter anderem Maria-Louisa Doronila, Bildungsexpertin und ehemalige Vizepräsidentin der University of Philippines, sowie die Direktorin der Community of Institutional Development (CID) mit Sitz in Ägypten, Laila Iskandar Kamel. Beide argumentierten, dass Wissen und Bildung im Sinne der Literarisierung nicht unbedingt gleichbedeutend sein muss. Die Menschen des CID, eine typische Lerngemeinschaft von Erwachsenen, so Kamel, seien in der Regel Analphabeten gewesen. Sie hätten es dennoch geschafft, ohne Schulausbildung mit Müllrecycling ihren Lebenserwerb zu sichern. Ihre Mitdisputantin Doronila unterstützte die These: Es ginge doch letztendlich nur um eines, nämlich um „lebenslanges Leben lernen", und dabei spiele es keine Rolle, ob der Betreffende nun alphabetisiert sei oder nicht.

Laila Iskandar Kamel: Ich arbeite mit einer Gemeinschaft von Lernenden. Vor einigen Wochen erst hatten wir uns Gedanken gemacht, was wir in Kairo in den letzten vierzig Jahren gelernt haben, haben Resümee gezogen. Unsere Gemeinschaft von Lernenden war in die Stadt gekommen, als Kairo nur zwei Millionen Einwohner zählte. Sie waren aus dem Süden des Landes gekommen – Bauern und Landlose. Sie haben irgendwann mal gelernt, wie man die Stadt vom Müll befreien kann. Jeder, vom Vater bis zur Großmutter, hat sich aufgemacht und hat Müll eingesammelt. Dann stellte man fest, dass man das Ganze zur Dienstleistung ausweiten kann. So entstand ein Müllentsorgungssystem. Diese Privatinitiative hat wesentlich zur Reduzierung der Gesundheitsrisiken in der heutigen 15-Millionen-Metropole beigetragen. Aus den Müllsammlern sind Händler geworden. Sie haben Kredite aufgenommen, wobei sie nicht zu Banken gegangen sind – sie sind andere Wege gegangen. Sie haben auch nicht in Handbüchern nachgelesen oder im Internet nach Anleitungen recherchiert. Trotzdem haben sie gelernt, dass man mit Müll Geld verdienen kann. Das Geld wiederum wird benutzt, um vor allem auch die Mädchen auszubilden. Die heranwachsende Generation weiß, wie glücklich sie darüber sein kann, dass ihre Eltern diesen Weg gegangen sind. Sie haben letztendlich Kairos Stadtzentrum vom Müll befreit und damit ihren Kindern den Besuch von Schulen ermöglicht. Nun gibt es doch tatsächlich Stimmen aus dem Westen, die uns belehren wollen und behaupten, sie wüssten besser Bescheid. Dabei beweisen Zahlen, dass z. B. die hoch geschulten und gut ausgebildeten Deutschen 64 Prozent ihres Mülls recyceln. Die Gemeinschaft von Kairo recycelt 80 Prozent.

Sabine Christiansen: Wie ist es um die Schulausbildung der Mädchen bestellt?

Laila Iskandar Kamel: Was den Zugang zur Schule anbelangt, den hat jedes Mädchen. Aber nicht jedes Mädchen kann sich den Zugang wirtschaftlich leisten. Die Regierung stellt zwar Bildung kostenlos zur Verfügung. Aber die Realität ist eine andere. Die Armut verhindert den Zugang. Die Menschen im ländlichen Raum z. B. müssen auf dem Feld arbeiten. Davon sind vor allem die Mädchen betroffen. Es gibt hier einen höheren Prozentsatz an Mädchen, die keinen Zugang zur Schule haben. Aber es gibt alternative Wege des Lernens. Lernen ist nicht gleichbedeutend mit Schule. Lernen muss nicht digitalisiert sein, Technologien müssen nicht immer aus dem Westen kommen. Information kann auf unterschiedlichen Wegen verbreitet werden, nicht nur via Internet. Wenn wir uns das vergegenwärtigen, können wir unsere Gedanken entkolonialisieren und auch darüber nachdenken, dass es zwei Arten gibt, wie Informationen fließen. Nicht nur in der digitalen Welt fließen sie. Es geht nicht nur um Maschinen und Ausrüstungen. Es geht auch darum, wie wir in Harmonie mit der Natur, mit der Erde leben. Wir dürfen nicht so verschwenderisch sein, wir dürfen nicht einfach annehmen, dass alles, was nicht mechanisiert ist, automatisch schlecht ist. Es gibt auch andere Realitäten, die eine Gemeinschaft prägen können. Ein Lernen außerhalb dieser Realität ist dysfunktional.

Sabine Christiansen: Zustimmung von allen Seiten. Was bedeutet Alphabetisierung für Menschen, die am Rande der Gesellschaft leben ?

Laila Iskandar Kamel: Ich glaube, die Alphabetisierung ist ein Mythos. Ich weiß nicht, wann wir endlich damit aufräumen. Die Alphabetisierung hat nicht die unbedingte Priorität, wenn ich andere, grundlegende Bedürfnisse habe. Natürlich stimmt es, dass die Müllsammler lesen und schreiben konnten. Aber wann haben sie das erlernt? Als es darum ging, Verträge zu unterzeichnen, in Verhandlungen zu treten. Als sie Nachrichten lesen mussten, als sie Kredite abzahlen mussten. Da ist das Bedürfnis nach Lesen und Schreiben entstanden. Und wenn das Bedürfnis erst einmal da ist, dann funktioniert die Alphabetisierung. Was üblicherweise geschieht ist, dass Bildungspakete geschnürt werden, die mit dem realen Leben nichts zu tun haben. Und wenn das so ist, dann kehren die Menschen, nachdem sie die Kurse besucht haben, wieder in ihr Analphabetentum zurück.

Sabine Christiansen: Frau Doronila, haben Sie ähnliche Erfahrungen gemacht?

Maria-Louisa Doronila: Ja. Es ist nicht sehr sinnvoll, die Welt in zwei Teile aufspalten zu wollen. Alphabetisierung, digitale Kluft, lebenslanges Lernen. Letztlich gibt es doch nur einen Weg, und das ist der Weg, den wir alle, jeder Mensch in seinem Leben, zurücklegen. Wir sollten gut miteinander umgehen und unsere Lebensreise so bequem und gut wie möglich einrichten, denn am Ende verlässt ja keiner die Welt lebend. Wenn wir die Welt nicht so aufzuspalten versuchten, dann könnten wir sagen: Lernen ist leben, das heißt lebenslanges Leben lernen. Was tun wir, um das Leben zu feiern, und was tun wir, um zu lernen?

Ich möchte über das Projekt sprechen, das wir betreuen, das Projekt nennt sich „eine lebende Blutbank". Hintergrund ist, dass vor fünf Jahren in unserem Land ein Gesetz verabschiedet wurde, das kommerzielle Blutbanken abgeschafft hat. Was geschah aber nun, wenn die Blutreserven in den Krankenhäusern knapp wurden? Gefängnisinsassen wurden in die Krankenhäuser gekarrt, dort mussten sie Blut spenden, ob sie nun wollten oder nicht. Was wir dann gemacht haben, mit den lokalen Regierungsebenen, mit der

Universität, den Menschen vor Ort und den NGOs: Wir haben ein System der Identifikation geschaffen. Diese Karten enthalten Angaben über den Menschen und seine Blutgruppe. Für die Feststellung des Bluttyps und für die Karte mussten die Menschen 35 Pesos, das sind nicht einmal 1 Dollar, bezahlen. Wir sind in viele Dörfer gegangen und haben dort die Menschen angesprochen. In diesen Dörfern wissen nun alle Bewohner, welche Blutgruppe sie haben. Wenn nun ein Erkrankter Blut braucht, können Blutspender zu den Krankenhäusern gebracht werden. Die Empfänger kennen ihre Spender, wissen, dass sie ein sauberes Leben führen. Denn jene, die kein sauberes Leben führen, werden erst gar nicht in das Krankenhaus gebeten. Selbst wenn die Ärzte zehn Blutspender für nötig halten, ist das durch dieses System kein Problem. Natürlich gehört dazu auch eine gewisse Bildung. Man muss über den Kreislauf sprechen, über Blutgruppen und Ähnliches. Die Leute lernten sogar während des Blutspendens und während der Bestimmung ihrer Blutgruppe.

Vor zwei Jahren brach in einer Provinz Dengue-Fieber aus. Es gab 15 lebensgefährliche Fälle, aber keiner ist gestorben, nicht zuletzt durch unser Blutspendensystem. Damals ist im Übrigen unsere Mitgliedschaft von 35 auf 75 Prozent der Einwohner gestiegen. Es gibt bereits Nachahmer, die unser System übernehmen wollen, und ich hoffe, dass auch unsere Regierung die „lebende Blutbank“ unterstützen wird.

Kultur

Als im Frühherbst des Jahres 2000 Schriftsteller, Musiker, Religionswissenschaftler, Künstler und Kuratoren nach Hannover auf die EXPO 2000 kamen, um über „Kultur in Bewegung. Was trennt Kulturen – was verbindet Kulturen?" zu diskutieren, konnten sie nicht wissen, welche Brisanz ihr Thema ein Jahr später bekommen würde. Vor dem Hintergrund des 11. September 2001 ist die Frage nach dem Kulturbegriff und seinen verbindenden oder ausschließenden Momenten aktueller denn je. Jene, die von jeher den Multikulturalismus als eine oberflächliche Gleichmacherei ohne Differenzierung und bewusste Benennung der trennenden und kritischen Momente der jeweiligen Anschauungen kritisierten, schienen Recht bekommen zu haben. Plötzlich hatte Samuel Huntingtons „Kampf der Kulturen" wieder Hochkonjunktur, Islam contra christliches Abendland – das schienen einmal mehr die Antipoden zu sein. Doch nur wenige sahen in den Terrorakten religiös motivierte Taten; quer durch alle Diskurszirkel waren sich die Intellektuellen einig: Der Ursprung der Gewalt hat viele Väter. Immer wieder hieß es, dass es möglicherweise einen Zusammenhang zwischen Gewalt und ungerechter Weltordnung gebe, oder, wie der amerikanische Politologe Benjamin Barber es formulierte, „zwischen Dschihad und McWorld, zwischen Coca-Cola und heiligem Krieg".

So hat der Global Dialogue auf der EXPO 2000 jene Fragen vorweggenommen, die derzeit diskutiert werden. Vor allem die öffentliche Podiumsdiskussion unter dem Thema „Was verbindet, was trennt Religionen" hätte, heute geführt, aktueller nicht sein können. Es diskutierten der Islamexperte Bassam Tibi, Erfurts Bischof Joachim Wanke, der Religionswissenschaftler Richard Schröder, Rabbiner Walter L. Rothschild und der Kulturwissenschaftler und bekennende Atheist Günter Kehrer.

Im Anschluss an dieses in Auszügen wiedergegebene Gespräch macht sich György Konrád Gedanken zum Thema Kunst und Globalisierung.

Trennt oder vereint Religion?

Günter Kehrer, Walter L. Rothschild, Richard Schröder, Bassam Tibi und Joachim Wanke im Gespräch

Richard Schröder: Es gibt Beispiele für lokale und geschichtlich gewachsene Traditionen des religiösen Zusammenlebens. Es gibt aber auch immer wieder das Phänomen, dass Gegensätze sich religiös artikulieren. In Deutschland z. B. hat sich seit dem Dreißigjährigen Krieg das Verhältnis zwischen den Konfessionen deutlich entschärft. Aber wir haben auch das Phänomen, dass nach einer Phase der Emanzipation der Juden es zu einem Rückfall in erschreckende Barbarei gekommen ist. In Irland haben wir einen Gegensatz, der sich auch konfessionell artikuliert und mit Bomben ausgetragen wird. Man kann sagen, dass hinter den Kriegen, die als Religionskriege geführt werden, in der Regel andere Konflikte stecken oder zumindest eine maßgebliche Rolle spielen. Man kann konstatieren: Religion wird in diesen Fällen instrumentalisiert.

Bassam Tibi: Ich würde die Frage anders stellen. Ich würde fragen, unter welchen Bedingungen Religionen einen oder trennen. Ich denke, solange die Religion als Quelle einer Ethik verstanden wird, vereint sie, denn dann kollidiert sie auch nicht mit anderen Religionen.

Unter folgenden Prämissen trennt Religion: Ich unterscheide dabei zwischen Fundamentalismus und Orthodoxie. Fundamentalismus ist eine politische Ideologie mit religiöser Fundierung. Es ist ja nicht so, dass es Fundamentalismus in den großen Weltreligionen schon immer gegeben hätte. Fundamentalismus gibt es erst seit der 2. Hälfte des 20 Jahrhunderts. Der Fundamentalismus äußert sich nicht nur durch Gewalttätigkeit, im Gegensatz zum Extremismus zentriert er sich um Ordnungsvorstellungen. Der Juristenverband oder die Ärztekammer in Ägypten z. B. sind in den Händen von Fundamentalisten. Fundamentalisten sind normale Menschen, die politische Ordnungsvorstellungen in die Religion projizieren. Und diese Politisierung trennt von anderen. Sie trennt auch innerhalb einer Religion. Ich z. B. als Reformmuslim werde von den Fundamentalisten nicht als Muslim anerkannt. So, wie der Fundamentalismus im Binnenverhältnis trennt, so trennt er natürlich auch im Außenverhältnis, also von anderen Religionsgemeinschaften.

Nun zur Orthodoxie: Die hat es in allen Religionen zu jeder Zeit gegeben. Sie predigt Exklusivität der Religionen und Überlegenheit der eigenen Religion gegenüber anderen. Orthodoxie ist zugleich Schriftgläubigkeit und muss aber nicht gleich politisch sein.

Joachim Wanke: Das 20. Jahrhundert war ein Jahrhundert, in dem die Weltideologien eine große Geltung erlangten und leider oftmals ein großes Blutbad anrichteten. Wir wachsen als Welt zusammen. Das ist von enormer Bedeutung. Ich bin mir sicher, dass die großen Weltreligionen gleichsam eine Reifeprüfung ablegen müssen. Also die Frage wird sein, inwiefern die Religionen ihren Teil dazu beitragen können, dass die zukünftige Welt eine humanere wird. Dabei ist für mich die Frage interessant, ob wir Erfahrungen aus der christlichen Perspektive der vergangenen Jahrhunderte beitragen können, und zwar für eine Ökumene der Religionen. Ich denke, dabei ist auch zu bedenken, mit welchen Religionen wir reden. Da sind zum einen die abrahamitischen Religionen – Judentum, Islam, Christentum –, zum anderen Buddhismus und Hinduismus. Ich hoffe, dass die Religionen das Potential haben, die Menschen zu einen. Aber wir haben neue Bedingungen, und ich denke, es ist wichtig, dass wir nicht Urteile aus der Vergangenheit in die Zukunft projizieren.

Günter Kehrer: Ich denke, man sollte Religionen nicht überbewerten, weder im Schlechten noch im Guten. Es gibt aber Situationen, in denen Religion wieder an Bedeutung gewinnen kann, die sie eigentlich schon weitgehend verloren hat. Zurzeit ist das wieder zu beobachten. In diesen Zeiten des schnellen sozialen und kulturellen Wandels, des Zusammenbruchs verschiedener Systeme, gibt es Individuen und Gruppen von Personen, die Religion wieder benötigen bzw. sie benutzen, oft mit bestem Gewissen, gar nicht als Täuschungsmanöver – das gibt es zwar auch, aber eher selten –, um Unsicherheiten und Verlust an Geborgenheit zu kompensieren.

Bassam Tibi: Man soll in der Tat die Bedeutung der Religion weder über- noch unterschätzen. Aber rein empirisch betrachtet: Das Ende des 20. Jahrhunderts war gekennzeichnet von der Rückkehr der Religionen. Es gibt 1,5 Milliarden Muslime weltweit, so viel Präsenz hat es in der Welt des Islam noch nie gegeben. In Amerika war das Christentum noch nie so stark, wie zurzeit. Da stellt sich doch die Frage: Warum? Es scheint, dass die Säkularisierung auf die Sinnfragen der Menschen keine Antwort geben konnte. Es gibt eine Sinnkrise, und sie ist aus einem Vakuum entstanden. Die Religionen füllen nun dieses Vakuum.

Ein Beispiel: Die herrschende Ideologie in der Türkei ist der Kemalismus. Der Kemalismus ist nicht nur säkular, sondern auch antireligiös. Jede Verbindung von Politik und Religion wird als Fundamentalismus empfunden. Heute neigt aber die Hälfte der türkischen Bevölkerung zum Islamismus. Dabei fungiert der Islam nicht als Religion, sondern als Weltbild. Deshalb warne ich die Kemalisten, die radikale Säkularisten sind: Wenn ihr den Islam nicht umarmt, wenn ihr nicht eine säkulare Interpretation auf den religiösen Grundlagen des Reformislam entwickelt, dann fährt der Zug ohne euch ab. Dann gibt es vielleicht in fünfzig Jahren keinen Kemalismus mehr in der Türkei. Das heißt, der Kemalismus muss entweder einen politischen oder reformistischen Islam fördern. Wenn Sie heute in ein islamisches Land gehen und sagen, Sie haben keine Religion, dann sind Sie für Muslime wie Luft. Für einen Muslim, selbst für einen nicht praktizierenden, ist ein Mensch ohne Religion wertlos. Ich sage es noch einmal mit allem Nachdruck: In der Welt des Islam ist die Alternative: reformistischer oder fundamentalistischer Islam. Leider ist der Fundamentalismus auf dem Vormarsch.

Walter L. Rothschild: Für zweitausend Jahre hatte das Judentum fast nichts mit Politik zu tun. Jetzt sind wir, ob wir wollen oder nicht, immer mit Politik verbunden. In Deutschland wegen der Geschichte, in Nahost wegen der Gegenwart, selbst auf der ganzen Welt, und ich weiß nicht einmal, warum. Das macht es schwer, sich auf die Religion zu konzentrieren.

Joachim Wanke: Die kommende Zeit, in der wir zusammenrücken, stellt eine Herausforderung für Religionen dar. Die Frage ist doch, worin können sich die Religionen verständigen, ohne jeweils von ihrem eigenen Wahrheitsanspruch abzusehen. Das muss doch gelingen. Zumal Religion eminent wichtig sein wird für das kommende Jahrhundert. Ich bin auch der Überzeugung, dass die große Mehrheit der Menschheit religiös ist und von dort ihren Erlebnis- und Erfahrungshorizont herleitet.

Günter Kehrer: Betrachtet man die letzten 450 Jahre Religionsgeschichte in Mitteleuropa, dann kann man doch feststellen, dass es zu einer Entschärfung der Religionen kam. Warum? Meine Hypothese ist: Die Religionen wurden schlichtweg gezwungen zusammenzuleben. In der Regel folgten die Religionen, von wenigen Ausnahmen abgesehen, den politischen Vorgaben. Zu glauben, eine Verständigung sei aus dem eigenen Verständnis oder der Einsicht der Religionsvertreter erwachsen, ist historisch falsch.

Bassam Tibi: Die westliche Zivilisation ist die einzige, die nicht religiös bestimmt ist. Europa ist in religiöser Hinsicht ein weißer Fleck. Nicht aber Amerika. In Amerika ist das Christentum sehr stark. Sprechen wir demnach von einem Dialog der Kulturen, sprechen wir auch von einem Dialog der Religionen. Ganz klar: Ein globaler Dialog im 21. Jahrhundert funktioniert nicht, wenn man Religionen außen vor lässt. Wir leben in einer Zeit der globalen Sinnkrise, und Religionen geben Antworten. Wir müssen uns fragen, wie kann es uns gelingen, die Religion von Politik wie von ihrem Exklusivitätsanspruch freizuhalten? Das ist die Grundvoraussetzung für einen Friedensdialog.

Walter L. Rothschild: Politik handelt von den Starken. Religion handelt von den Schwachen. Religion handelt davon, dass nichts ewig dauert, außer ein paar religiöse Wahrheiten. Und wenn man die Vergänglichkeit betrachtet, dann wird Politik irrelevant.

Richard Schröder: Die Religionen werden stärker aneinander rücken. In Deutschland z. B. wird die Zahl der muslimischen Deutschen in Zukunft enorm wachsen, und das ist eine Aufgabe. Da wird es auch neue Regelungen in rechtlicher Hinsicht geben müssen. Die schiere Notwendigkeit eines vernünftigen Zusammenlebens wird den Druck erzeugen, das Zusammenleben friedlich zu gestalten. Wobei ich primär an den Nahbereich denke, an das friedliche Miteinander mit dem Nachbarn. Religionen sind da, wo sie gelebt werden, ein hoher emotionaler Faktor. Wenn es gelingt, diese Emotionen für die Erkenntnis zu sensibilisieren, dass ethische und rechtliche Minimalstandards für unser Zusammenleben weltweit so wichtig sind, wie sie früher innerhalb von Nationalstaaten wichtig waren, wenn uns das gelingt, dann haben wir viel erreicht.

Günter Kehrer: Mein Vorschlag wäre: Trennung der Religion von der öffentlichen Sphäre. Trennen wir Kirche und Staat, und zwar wirklich konsequent. Erklären wir Religion konsequent zur Privatangelegenheit. Überlassen wir also die Religionsgemeinschaften sich selbst und unterwerfen wir sie nur einer einzigen Regelung, nämlich der, dass man nicht aus religiösen Gründen gegen das Strafgesetzbuch verstoßen darf. Religion gibt es nur im Lateinischen und in den Sprachen, die vom Lateinischen abgeleitet sind. Nach der Definition Ciceros heißt Religion aber, „sorgfältig den Riten der Väter zu folgen“. Eigentlich treten Religionen selten mit einem Wahrheitsanspruch auf. Im israelischen Glauben kam er relativ spät, und zwar im Exil. Er tritt auf bei der Tochterreligion, dem Christentum, und der Tochter-Tochter, dem Islam. Abgesehen von einigen spezifischen Erlösungsrichtungen des Hinduismus taucht das Problem darüber hinaus erst gar nicht auf.

Bassam Tibi: Es ist Fakt, dass die kulturelle Moderne ein Vakuum in Sinnfragen hinterlassen hat. Natürlich kann die Sinnfrage auch säkular beantwortet werden. Aber es stimmt, die Religionen kehren zurück. Wir können heute deshalb die Sinnfragen ohne die Religionen nicht beantworten. Wir leben in einem Zeitalter der Globalisierung, Menschen und Religionen rücken näher zusammen. Der kulturelle Pluralismus und die religiöse Toleranz ohne Selbstaufgabe sollten den Rahmen für den erwünschten Dialog bilden. Dialog heißt über Probleme reden, um anstehende Konflikte in Frieden zu lösen. Der Dialog muss über die Werte geführt werden. Das Ziel des Dialogs sollte ein Wertekonsens sein. Bestimmt können wir nicht in allen Punkten übereinstimmen, aber vielleicht können wir doch einen Minimalkonsens finden.

Von Jägern, Anglern und Aufklärern – Kunst und globaler Dialog

György Konrád

Der Begriff des Globalen ist wertneutral. Er kann Gutes und Schlechtes bedeuten, die Verlängerung verschiedener vorhandener Tendenzen, größere Schritte. Verdient das Globale für sich genommen eine günstige Bewertung? Insofern ja, als es gegenüber den Nationalstaaten eine Herausforderung ist. Beispielsweise konnten sich die Menschen an die große Weltjury wenden, an die globale öffentliche Meinung zwecks Verteidigung der grundlegenden Menschenrechte, einfacher ausgedrückt, um sich selbst zu schützen. Fragwürdig wird das im Begriff der Globalisierung verborgene Phänomen dadurch, dass damit auch die Verbreitung verschiedener Gewalttaten einhergeht. Das Attribut des Globalen kann sich auch zu Substantiven gesellen, wie zur Diktatur, Hegemonie, Zensur oder gar zum Terror. Wir können ebenso von globaler Idiotie reden wie von globalem Dialog. Globalisierung bedeutet auch die Gefährdung der gesamten menschlichen Art. Denn die Erwärmung der Erde beispielsweise missachtet jegliche Grenzen. Sobald die Gefahr eine gemeinsame wird, verkümmern die Grenzen. Globalisierung bedeutet für das Denken die Notwendigkeit des Maßstabwechsels, die Flexibilität der Maßstäbe. Der Verstand muss sich zwischen weitesten und engsten Grenzen hin- und herbewegen. Der Globalisierung entspricht ein Denken, das fähig ist, eine verschiebbare Optik einzusetzen. In verschiedenen Ländern unterstützt sie den Pluralismus, dessen Vertreter eher bewegliche Individuen sind als schwerfällige Staaten. Sie bietet dem Einzelnen mehrere Foren, mehr experimentelle Möglichkeiten. Die Globalisierung kann unerwartete Kontakte herstellen. Vor allem bedeutet sie den Gedankenaustausch von Personen und nicht etwa Regierungen. Sehr viele besondere Individuen können Fühlung miteinander aufnehmen. Das technische Netz macht es möglich, dass jeder zu jedem an jedem Ort der Welt ständige Kontakte unterhalten kann. Jedes Einzelwesen der Menschheit kann mein Gesprächspartner sein. Vielleicht sind wir gar die Träger jenes über uns hinausweisenden Plans, wonach die Menschheit miteinander verflochten werden soll. Was sonst sollte Humanisation bedeuten, wenn nicht das Zustandekommen der Menschheit?

Was heißt das? Dass ein Dialog jenseits von Kämpfen entsteht? Dass die Menschen vom Stadium militärischer Auseinandersetzungen in das Stadium des Dialogs eintreten? Dass anstelle von Drohungen argumentiert wird? Die Frage des dritten Millenniums besteht nicht darin, wer das Schwert zieht oder Atombomben abwirft, um andere zu unterwerfen, denn Unterjochung kann nicht von Dauer sein. Solche Experimente sind für gewöhnlich nicht von Erfolg gekrönt. Wir dürfen hoffen, dass nach dem Jahrtausend blutiger Konflikte das Jahrtausend des Interessiertseins, des erfolgreichen Umwerbens, der Geschäftsabschlüsse und vielleicht des Sichanfreundens kommen wird. Die Frage lautet: Wer gefällt dem oder den anderen besser? Das sind quantitativ nicht messbare menschliche Gewichte Der globale Dialog fungiert als lebenswichtiges Nervennetz des gewachsenen Weltkörpers. Dialog in dem Sinne, dass sämtliche anderen für den Sprechenden immer eine zweite Person sind. Häufige Begegnungen bringen den Menschen ins Bewusstsein, dass ihnen der andere im Großen und Ganzen ähnlich, dass er zu verstehen ist und nicht jenem unfreundlichen Phantombild entspricht, das von ihm entworfen worden ist. Dialog ist umso eher möglich und wahrscheinlich, je weniger sich in den Köpfen der Redenden ein abstraktes Bild voneinander festgesetzt hat. Für die Periode des Dialogs ist es ratsam, die eigenen politischen oder anderen Klischees an der Garderobe abzugeben, um das Verstehen des anderen nicht zu behindern. Zwischen den Menschen und deren Staaten bestehen vielerlei Beziehungen. Doch es gibt Schichten, die vom staatlichen Einfluss nicht erreicht werden und die ihre eigene Autonomie besitzen. Demzufolge ist niemand wirklich der, als der er in seiner Gemeinschaft von den journalistischen Bildern dargestellt wird. Dass zwei Pseudofeinde von gestern ihre Feindschaft aufgeben, das lässt sich noch erreichen. Aber dass sie zuverlässige Freunde sein sollen? Dazu bedarf es ungezählter gemeinsamer Elemente. Die Nationen kennen sich wechselseitig nicht allzu gut. Nicht einmal innerhalb der Europäischen Union. Andererseits wollen die Menschen wissen, was es jenseits der Grenzen oder in Übersee gibt. Die angestammte Neugier ist eine wenigstens ebenso große Kraft wie die sich einspinnende Ängstlichkeit. Jeder überschreitet die Grenzen seines Heimatterritoriums; Expansion ist etwas Normales. Institutionen gleichen Profils, Kollegen, nehmen Kontakte miteinander auf. Wer hat in der Konversation was an Interessantem zu bieten?

Europa wird mit der Herausforderung und der Chance konfrontiert, im Interesse dessen, dass hier keine weiteren Kriege mehr stattfinden dürfen, Amerika und Russland gemeinsam in eine Zivilisation mit der Alten Welt einzubinden. Die europäische Kunst des zwanzigsten Jahrhunderts war ebenso wie die vorangegangener Jahrtausende gezwungen – von der Ilias angefangen –, Krieg und Gewalt ins Auge zu sehen, den Extremen menschlicher Unmenschlichkeit. Es erwies sich, dass Bosheit kein Vorrecht von Unterentwickelten ist und durchaus auch mit Hochkultur vereinbar zu sein scheint. Es zeigte sich, dass kollektive Heiligkeiten und Heilslehren in der Lage sind, außerordentliche Mengen an Gewaltpotential aus ihren Hemmungen zu befreien. Es zählt also, was die Lehrer den Schülern sagen. Es zählt, ob ein Schüler sich einen Lehrer selbst aus entfernten Landstrichen suchen darf. Die Integrität, die dem Einzelnen in freien Ländern zusteht, strahlt aus. Sie nicht in andere Länder zu exportieren, in denen daran Bedarf besteht, ist unmöglich. Auch in islamischen Ländern und in China, wo die Normen ständischer und demokratischer Verhältnisse miteinander ringen und sich vermischen, werden Einzelne davon angezogen. Vermutlich bilden sich Spannungen und psychische Gegensätze zwischen denen, die sich mit ihrem Wissen, ihrem Kapital und ihrer Arbeit auf dem größeren Markt jenseits der Grenzen oder gar in der weiten Welt etablieren können, und jenen heraus, die ihre Abnehmer und Anhänger nur unter engeren Rahmenbedingungen oder nicht einmal dort finden. Lautstarke Populismen, die sich gegen Vielfalt für isolationistische Homogenität entscheiden, haben sich bereits zu Wort gemeldet. Wer keinen Absatz findet, hält denjenigen, der gefragt ist, für kläglicher als sich selbst, setzt ihn herab und verleumdet ihn sogar. Aber dass diese Ressentiments bestimmend werden, glaube ich nicht. Die Gebildeteren werden auch weiterhin mobiler sein. Nationales Sichabkapseln hinter

Staatsgrenzen ist ein Vorschlag, der nur vorübergehend Anziehungskraft ausübt. Die Nachwelt wird die Eheschließungen unserer Ahnen möglicherweise höher schätzen als deren Kämpfe gegen die Nachbarn. Und die groteske Erinnerung daran wird sie nicht mit dem Pathos des Heldentums vergolden.

Es hat den Anschein, dass der Anspruch auf Wanderschaft und Heimkehr bei den Europäern gleichzeitig wächst. Sehnsucht nach fernen Ländern und dann nach Hause! Verlockend sind eher Wanderschaft und Heimkehr, nicht aber die Emigration. Wo wir in unserer Ausgelassenheit mit Wildfremden ein Lächeln wechseln können, die Stadt, in deren Individualität wir uns behaglich fühlen, hält eine Provinz unseres Selbstbewusstseins gefangen, mit einem Teil von uns gehören wir dorthin. Dann gehst du in eine andere Stadt, und dir kommt dein dortiges altes Leben in den Sinn. So erinnerst du dich an all diejenigen, die zu diesem Ort gehört haben und mit denen du gemeinsame Stunden verbracht hast. Es ist, als würdest du den Deckel eines in der Gepäckaufbewahrung auf dich wartenden Koffers hochheben. Haben wir denn nicht für alle Zeiten einer einzigen Stadt die Treue bewahrt? Du großer Gott! Wie denn auch? Vergängliche Erinnerungen sind wir, meist die Erinnerung Verstorbener oder Entrückter, Verlassener, Vergessener, Hervorgezauberter. Um die Städte in aller Stille in Besitz zu nehmen, braucht es auch stilles Schwinden. Was bedeutet Dialog? Würde ich jetzt beispielsweise Kenzaburo Oe treffen, dem zu begegnen ich schon das Vergnügen hatte, so wäre das eine Zusammenkunft, vielleicht ein Dialog zweier Kollegen. Aber ein globaler Dialog? Dabei ereignet sich ein solcher zwischen Personen, im klassischen Fall zwischen zweien. Mit wie vielen Menschen mögen wir als Autoren Berührungen gehabt haben? Jeder, der eine Sprache lernt, kann eine Unzahl von anderen in das Geflecht des globalen und über alle harten Formen und staatlichen Organisationen hinauswachsenden Dialogs einbinden. Globalisierung bedeutet eine energiegeladene Beschleunigung individueller Mobilität. Zumindest die kulturelle Elite ist in Bewegung geraten. Auch die Wirtschaft will die Globalisierung, denn das Kapital will dem Profit und sich selbst keine politisch-administrativen Hindernisse in den Weg stellen.

Kunst verhält sich von vornherein dissidentisch, denn die Objektivierungen, die Einrichtungen, vergleicht sie mit den Dimensionen der einzelnen menschlichen Person. Deshalb bringt sie sowohl den Staaten als auch den Weltfirmen Skepsis entgegen. Die Künstler allerdings, sofern ihnen der lokale Markt zu eng wird, sofern der Weltmarkt ihrem Können, ihrem Handwerk bessere Chancen bietet, sind an der Globalisierung interessiert, denn dadurch erhalten sie die Möglichkeit, sich vom begrenzten Markt und den dort wirkenden politischen Einflüssen unabhängig zu machen.

Bei einem globalen Dialog weitet sich die Welt zu einem Markt kulturellen Wettbewerbs aus. Zwischen Personen und Regionen bestehen Korrespondenzen, Übereinstimmungen. Der eine stößt hier, der andere da auf ein positives Echo. Welcher Künstler wo beliebt ist, das ist ein ewiges Thema der Wirkungsgeschichte. Latente Werte, wenn es sich denn um solche handelt, dringen an die Oberfläche. Die Welt steckt voll von Jägern, Anglern und Aufklärern, die verborgene Kulturschätze freilegen und vermitteln. Die Globalisierung gestattet die allseitige Verbreitung der Neugier, der vergnüglichsten menschlichen Eigenschaft. Aber was ist das? Kulturtourismus? Nehmen wir von allem auf der Welt eine Kostprobe? Wie wir es auch auf der EXPO getan haben? Sowohl hier als auch da einen kleinen Eindruck mitnehmen und exotische Leckerbissen naschen?

Auf solche Weise vermischen sich Information, Kunst und Werbung, denn ein jeder will von sich etwas Schönes sagen. Auch die Länder wollen ihr Image aufpolieren. Jeder will sich in den Medien am vorteilhaftesten darstellen. Die Werbung schluckt die Avantgarde, die kreativen Begabungen arbeiten an der Entwicklung wirkungsvoller Klischees, an der Herausbildung lobender Bewertungen.

Doch inwiefern ist die Kunst ortsgebunden? Unendlich. Sie bindet mich an den Ort, an dem ich mich gerade aufhalte. Gegenwärtig weile ich zusammen mit meiner Familie in Piran, auf Italienisch Pirano, an der schmalen slowenischen Meeresküste. In Piran sehe ich die urbane Ästhetik der Adria, die Ähnlichkeit der ehemaligen jugoslawischen Strandeinrichtungen, der Steine, Straßen, Plätze, Gaststätten und Cafés, ich sehe den gemeinsamen poststalinistischen Charakter in der Manier. Alles, was ich über mehrere hundert Kilometer an der Küste erblicke, vom montenegrinischen Budva bis zum slowenischen Piran, ähnelt sich. Selbst die südslawischen Schlager, die von den nicht zum Schweigen zu bringenden Orchestern der Umgebung mit großer Lautstärke geboten werden, sind die gleichen. Diese Gemeinsamkeit ist etwas Natürliches, die staatliche Zersplitterung nicht. Aber jetzt müssen sie daran schon glauben. Das ist nunmehr ein Schicksal, das es hinzunehmen gilt. Brodeln wollten sie in nationaler Selbstbehauptung. Schließlich werden sie sich ausbrodeln, der Schaum wird in sich zusammenfallen, und sie werden entdecken, dass sie aufeinander angewiesen sind. Sie könnten sich allmählich daran gewöhnen, dass sie da sind! Fortwährend wollen sie sich dessen vergewissern, dass sie da sind, dass sie hier sind, tausendjährige christliche Nationen. Und als solche haben sie in der europäischen Gemeinschaft ihren Platz.

Auf der Promenade gleiten telefonierende Mädchen auf Rollschuhen vorüber. Die Bilder auf der Welt schlagen überall vor, dass ein Mädchen von heute just so sein sollte. Wo, das ist schon gleichgültig. Die Jungen auf ihren Motorrädern ähneln der Reklame, die Vorbildcharakter hat und menschliche Ideale vermittelt. Die Kinder kennen die großen Weltmarkenartikel. So informieren sie sich in globalen Schritten. Die Warenkenntnis ist ein Teil zeitgemäßer Bildung, sie zieht Formenwissen nach sich und gibt, ebenso wie die Sprache, Orientierungshilfe. Sich in der Sprache der Gegenstände und Objekte zurechtzufinden wird erleichtert. Es verschwinden die Unterschiede zwischen Spielfilm und pfiffiger Werbung. Der Mensch wird das Ebenbild des Gesehenen.

Lokalismus kann nach innen unendlich bereichern. Jede Kleinstadt ein Geschichtsstrudel. Aber Lokalismus verführt zu zwei Fehlern: zum Prahlen und zum Selbstmitleid. An mir selbst habe ich beobachtet, wenn ich lange Zeit an einem Ort verbringe, kommt ein Abrutschen nach innen in Gang, zurück in die Vergangenheit. Und schon übernimmt der verletzte kleine Junge das Wort, der, den zu töten nicht gelungen ist. Deshalb ist das Reisen eine wohltuende Kur. Das Versinken in mich selbst nimmt ein Ende, wenn ich mich von jenem einen Ort wegbegebe, wenn ich beispielsweise nachts auf einem Balkon am Meeresstrand an einem Kunststofftisch sitze. Unterwegs verengt sich die Vergangenheit, verschließt sich und wird von der Gegenwart überlagert. In der Fremde wird das Ich aus seiner Umgebung herausgehoben, wird schmaler und winziger. Sobald wir uns hinausbegeben, werden wir verunsichert. Der Autofahrer übersieht Verkehrszeichen, fühlt sich unsicher, kennt nicht die ortsübliche Sprache, wird konfrontiert mit seiner geographischen und historischen Ignoranz, ist aufgeregt, macht Fehler, fragt sich durch, ist auf andere angewiesen. Hochmut ist jetzt nicht angebracht, ist er es doch, der von Gefälligkeiten abhängig ist. Kein Besatzer ist er, sondern ein Reisender, der den Schaden vorhersieht, wenn er den Einheimischen vom hohen Ross herab begegnet. Setze dich den Unwägbarkeiten des Unterwegsseins aus, streife manchmal das Haus von deinem Rücken ab, und du wirst die Welt bewundern, die dir nicht gehört, die um ihrer selbst willen ist. Entlang deiner Wegstrecke sind andere zu Hause. Während du ihre Häuser siehst, ihre Werke, während du ihre Gerichte verzehrst und ihre Getränke trinkst, lernst du sie achten. Heute Vormittag an einer Meeresbucht habe ich am Tisch eines Cafés meinen Platz gefunden. Zum Kaffee und Mineralwasser bestellte ich irgendein lokales Gesöff. Man brachte mir einen giftgrünen Heilkräuterschnaps, selbst gebrannt. Er schmeckte ausgezeichnet. Vor meinen Augen schneiden Segelboote die Wellen. Für gewöhnlich finde ich in jeder Stadt der Welt das mir genehme Café oder Wirtshaus, Notizbuch und Füller in der Hosentasche. Es macht nichts, wenn mich Schönheit und Licht mit Heiterkeit überfluten.

Stellt sich die Frage, wie stark Kunst an den Ort gebunden ist, so würde ich darauf entgegnen, dass ich überall schreiben konnte, wo es für mich einen Tisch gab. Der wichtige Ort ist imaginär, im Kopf führe ich ihn mit mir. Immer dort zu sein würde mich bedrücken. Nahrung für meine Augen kann ich an sehr vielen Orten finden. Die dank Oropax entstehende innere Stille macht meine Werkstatt schon seit fünfzig Jahren transportabel und versöhnt mich mit meiner jeweiligen Umgebung, da ich mich aus ihr davonstehlen kann. Ein höflicher Diskussionsredner findet sich überall. Würde ich mich gern unterhalten, könnte ich ohne weiteres einen Partner dafür finden. Die bürgerlichen Sitten funktionieren. Daheim bin ich vielleicht geschützter. Dort habe ich nicht das Gefühl, nach einer gewissen Zeit zahlen und gehen zu müssen. Das Angenehme daran aber besteht darin, dass an einem anderen Tisch die nächste Landnahme folgen kann, in einer anderen Ecke, wo meine Augen auf anderem haften bleiben können. Als junger Mensch habe ich in Espressobars geschrieben.

Das Bequemwerden in der eigenen Schreibstube ist auch mit Nachteilen verbunden. Wir suchen danach, ungestört arbeiten zu können, doch das Geschenk der Ruhe meldet sich meist im Bild des Eingriffs. Der Gischt vibriert, die Wellen rollen, die Schiffssirene dringt durch die wächsernen Ohrenstöpsel hindurch. Ein großes Segelboot ist in die Bucht eingelaufen. Eine hüllenlos sich sonnende Frau schlüpft in ein weites, weißes, hemdartiges Kleid, bedeckt den Körper. Ahnungsvoll sich umblickend begibt sie sich zum Strand hinunter. Sollten all jene Orte, an denen wir uns wohl fühlen, an einen dünnen Faden des Bewusstseins gebunden sein? Wie Luftballons an einen elementaren Schauplatz? Die Diskussion darüber, was der Kunst eher förderlich sei, Verwurzeltsein oder Umherstreifen, nomadisches Weiterziehen, hört nicht auf. Die gleiche Ortsverbundenheit können wir als Ankunft betrachten, aber auch als vorübergehende Unterbrechung der Wanderschaft. Eine jugendliche, selbstsichere Seele erklärt, ihr Zuhause sei da, wo sie sich gerade aufhalte. Auch die Sonne scheint dort, wo der Betreffende zu sein geruht. Ich neige bereits zu der Ansicht, es gebe einen zentralen Ort, einen Tisch, ein Bett, einen Anblick, von wo aus sich unsere Bewegungen auf der Erde verzweigen, die Orte besitzen eine Rangordnung, und auch die Wanderer werden irgendwo zur Ruhe kommen. Doch wo ein Mensch zu Hause ist, was für ihn Vertrautheit bedeutet, ob er danach sucht oder davor flieht, das ist eine Frage der persönlichen Entscheidung.

Manch einer schreibt immer wieder über die gleiche Stadt, obwohl er sich seit Jahrzehnten anderswo aufhält. Sollte die Forderung nach heimischer Behaglichkeit normativer Sentimentalismus sein? Wir könnten sagen, jede Ortsverbundenheit biete nur relative Vertrautheit, weil wir angesichts unserer Sterblichkeit elementar ohne Behausung seien. Von dieser Erdkugel würden wir hinabgleiten in ein großes Nihil. Oder je nach Geschmack in den Himmel beziehungsweise in die Hölle. Ein ungebührliches Blutgerinnsel kann uns jeden Moment vom Schauplatz unserer selbstbewussten Verwurzelung verschwinden lassen.

Der Künstler steht der Gemeinschaft und dem Zuhause ohnehin etwas distanzierter und fremder gegenüber als andere Menschen. Im großen Eintopf des Wir lässt er sich nicht so leicht kochen. In seiner Umgebung ist er schwerer löslich als Würfelzucker im Kaffee. Kollektivbewusstsein gibt es auch in der Kunst. Doch unter Kontrolle von Klarblick oder sensiblem Argwohn. Das Verhältnis zu seiner Geburtsstadt ist paradox. Obwohl er weit weg ist, träumt er von ihr. Er schaltet sie aus seinem Bewusstsein aus, und plötzlich ist er dort. Vertraute Fremdheit, gespaltenes Verhältnis zu all dem, was wir bekommen und geerbt haben, was uns vom Schicksal auferlegt worden ist. Nur ein Idiot kennt keine Ambivalenz. Der Künstler aber ist kein Idiot.

Klischeemacher, die jene Themen bigott beackern, die den

Machthabern, den jeweils aktuellen Herren schmeicheln, gibt es stets zur Genüge. Die Wortführer verschiedenster Weltanschauungen machen im Allgemeinen Gebrauch von den Instrumenten politischer Rührseligkeit. Das Weltkommunikationsnetz globalisiert diesen Sentimentalismus. Die himmlische Nachrichtenmilch, schwarze Milch zum Frühstück, ist homogenisiert.

Andererseits gehört obligatorische Empfindsamkeit zu jedem Lokalismus. Alle Staaten erheben Anspruch auf Ehrenbezeigung vor den Symbolen. Echte Künstler aber lassen sich selten von dem für alle Regime typischen politischen Kitsch hinreißen. Die Regierungen erhoffen sich von den Festveranstaltungen in Verbindung mit Sinnbildern mehr Stimmen bei den Wahlen, um eine Mehrheit zu erringen. Wer sich einer solchen erhabenen Stimmung entzieht, macht sich unter Umständen verdächtig.

Es genügte, den Sinn des letzten Luftkrieges anzuzweifeln, schon liefen Gesichter rot an, und selbst vernunftbegabte Leute bekamen heftige Wutausbrüche. Ein Dissident kannst du auch heute sein, noch dazu ein globaler. Nach einer solchen Gelegenheit sucht wohl niemand, aber es kann passieren, dass die Mausefalle zuschnappt. Bei der richtig denkenden Mehrheit in Ungnade zu fallen ist nicht allzu schwer. Wenn also Ortsgebundenheit des Künstlers durch das Erlebnis intimer Zugehörigkeit gleichbedeutend ist mit einer Beteiligung am lokalistischen politischen Kitsch, dann wäre die Antwort auf die Frage, ob Kunst ortsgebunden sei, eher ein Nein. Wenn aber das Verwurzeltsein der Kunst liebevolle Bindungen zu einigen dort lebenden Menschen bedeutet, zu Schauplätzen, zur üppigen sinnlichen Wirklichkeit, ein Baden in der Muttersprache, dann wäre die Antwort ein Ja.

Ich liebe Budapest. Es gibt Menschen, die mich nicht mögen, aber sie lieben Budapest gleichfalls. Wir schwärmen nicht füreinander, doch würden wir in einer Gemeinschaftszelle einsitzen, hätten wir reichlich Gesprächsstoff. Die Erinnerung wohnt in den Wänden, in den Mauern, im Kopfsteinpflaster. Du gehst hin und brauchst sie auf, du entfernst dich, und sie zerfasert sich. Zusehends mehr Menschen lernen die beiden Pole kennen: Liebe zum Ort und wachsende Mobilität. Der Einheimische beäugt den Reisenden, den Fremden, den Provinzler, den hergelaufenen Hinz und Kunz mit scheelen Blicken. Der Wanderer dagegen schaut auf den an die Scholle Gebundenen von oben herab. Immer an der gleichen Stelle leben? Was für ein Unglück! Von dem Ausländer sind die Ortsansässigen nicht begeistert, aber sie sind neugierig auf ihn. Ihr Kompliment dafür, dass er gekommen ist, doch jetzt kann er ruhig wieder verschwinden. Der Einheimische will den Fremden und will ihn auch nicht, er lockt ihn an, nimmt ihn auf, um ihn schließlich abzuschieben und auszuschließen. Einmal, vielleicht sogar zweimal überkommt jede nationale Gemeinschaft der Wahnsinn. Dessenungeachtet können mir die verschiedensten Orte gefallen. Leicht verliebe ich mich in eine Straße, in eine Kneipe. Es war schön hier. Dann sollten wir uns jetzt aus dem Staub machen. Bezahle! Du hast Füße, um zu gehen.

(Aus dem Ungarischen von Hans-Henning Paetzke)

Arbeit

Keine Kinderarbeit – keine Zwangsarbeit – keine Diskriminierung am Arbeitsplatz – gleiche Entlohnung – Vereinigungsfreiheit der Arbeitnehmer: Bereits 1996 waren diese so genannten Core Social Standards auf der Ministerkonferenz der WTO in Singapur anerkannt worden. Auch die Declaration on Fundamental Principles and Rights at Work der International Labour Organization (ILO) vom Juni 1998 legte diese Kernarbeitsnormen fest. Und dennoch wird heute noch darüber gestritten, ob diese Bedingungen weltweit anerkannt, wo sie verankert und wie sie umgesetzt werden sollen. Vor allem die Staaten des Südens wähnen hinter den Forderungen nach diesen Standards paternalistische Bestrebungen des reichen Nordens gegen den Rest der Welt.

Gerne wird das Beispiel aus Bangladesch oder Nepal zitiert, wo Kinder, die in Fabriken arbeiteten, auf Grund des öffentlichen Drucks entlassen wurden, und viele dieser Kinder daraufhin in der Prostitution landeten, weil sich keine anderen Erwerbsmöglichkeiten boten.

Die Forderungen aus dem Süden lauten deshalb: Es geht nicht an, z. B. Kinderarbeit per se zu verbieten, Sanktionen sind kein legitimes Mittel. Vielmehr muss die Weltgemeinschaft alles daran setzen, die Lebensbedingungen dieser Menschen zu verändern. Der Kampf muss der Tatsache gelten, dass 1,3 Milliarden Menschen mit einem US-Dollar am Tag und weniger auskommen müssen.[1]

Auch ILO-Chef Juan Samovia, der den Global Dialogue 9 auf der EXPO 2000 eröffnete, gestand, dass seine Vorstellungen von menschenwürdiger Arbeit noch lange nicht realisiert sind.

„Heute gibt es weltweit einen Mangel an zumutbarer Arbeit. Mehr als 3.000 Menschen sterben jeden Tag infolge von

Arbeitsunfällen und arbeitsbedingten Krankheiten; 90% der arbeitenden Bevölkerung genießen keine angemessene soziale Absicherung. ... Der Arbeitsplatzmangel stellt ein Potential für einen Krisenherd in der globalen Wirtschaft dar. 150 Millionen Menschen sind arbeitslos, eine Zahl, die auf über 1 Milliarde anwächst, zählt man die Unterbeschäftigten hinzu. Ich sehe eine abwehrende Haltung in vielen Entwicklungsländern gegenüber globalen Veränderungen, weil sie diese nicht beeinflussen können oder von ihr nicht angemessen profitieren. Ich sehe unter den Gewinnern der Globalisierung ein gewaltiges Defizit an Sensibilität für die Verlierer. Ich sehe viele Menschen in der industrialisierten Welt, die sehnsüchtig einen Fortschritt zum Wohle aller wünschen ..., aber es scheint, dass sie von bestimmten Stimmen der öffentlichen Meinung oder spezifischen Interessen in diesen Ländern, zurückgehalten werden – sie machen sich mehr Sorgen um ihre eigenen Probleme und Unsicherheiten. ... Die wichtigsten Organisationen gehen noch immer ihre eigenen Wege, anstatt nach Zusammenarbeit zu streben oder Möglichkeiten zu schaffen, integrierte Lösungen zu liefern."

Es wurde auf der EXPO 2000 deutlich, dass die Bedürfnisse in den Industrieländern oftmals ganz andere sind als in den Schwellen- und Entwicklungsländern.

Die Europäer sprachen denn auch z. B. über lebenslanges Lernen, über ehrenamtliches Arbeiten und Stressbewältigung am Arbeitsplatz, über die neue Rolle der Gewerkschaften. Afrikaner, Asiaten und Lateinamerikaner hingegen beschäftigten grundlegendere Probleme: Wie kann man überhaupt Arbeit schaffen, einfache Schulbildung für Jugendliche sichern und Arbeitsschutz, Mindeststandards und Mitspracherecht am Arbeitsplatz gewährleisten?

Trotz unterschiedlicher Schwerpunkte einte eine gemeinsame Herausforderung die 800 Experten des 9. Dialogs: die weltumspannende Informations- und Kommunikationstechnik (IKT) und die damit verbundenen gesellschaftlichen Umbrüche. Ähnlich wie seinerzeit der Buchdruck, so dringt die moderne IKT in alle Lebensbereiche und ruft neue Fähigkeiten ihrer Nutzer ab. Gleichzeitig besteht die Gefahr der digitalen Kluft, des digital divide, zwischen Nord und Süd.

Ulrich Klotz, IG-Metall-Vorstand mit Arbeitsschwerpunkt Informationsökonomie und Informationsgesellschaft, hat zahlreiche Veröffentlichungen zur Gestaltung von Arbeit und Informationstechnik. Er sprach über den Wandel der Arbeit, ausgelöst durch die Errungenschaften der neuen IKT.

[1] Weltbank-Bericht 1999.

Das Zeitalter der Yetties – Wie die Neue Ökonomie die Gesellschaft verändert

Ulrich Klotz

Der Titel meines Vortrags wirft eine grundsätzliche Frage auf: Gibt es überhaupt so etwas wie eine Neue Ökonomie? Wäre dem so, müsste es auch eine Alte Ökonomie geben. Verhält es sich nicht eher so, dass es nur eine Wirtschaft gibt? Genau besehen gibt es in der Tat nur eine Wirtschaft. Das Begriffspaar Neu und Alt hat aber dennoch seine Legitimation. Es soll darauf aufmerksam machen, dass sich derzeit in der Wirtschaft Veränderungen vollziehen, die weitreichend und grundlegend sind. Das ist auch das Thema. Ich möchte einige Antworten geben auf die Frage: Was verändert sich?

Karl Marx hat einmal geschrieben: „Die Handmühle ergibt eine Gesellschaft mit Feudalherren, die Dampfmühle eine Gesellschaft mit industriellen Kapitalisten." Die Frage ist heute, hundert Jahre später: In welcher Weise verwandeln Computer und Internet unsere Gesellschaft? Unsere Zivilisationsgeschichte hat immer wieder gezeigt: Veränderungen in der Kommunikation führen zu veränderten Aktionen, zu veränderten Arbeitsweisen und langfristig zu einer veränderten Gesellschaft. Es geht also nicht nur um eine neue Wirtschaft, es geht um eine neue Gesellschaft, denn dahin bewegen wir uns.

Nehmen wir als Beispiel den Buchdruck: Die Erfindung des Johannes Gutenberg ließ ja nicht nur eine Druck- und Papierindustrie entstehen, sie erleichterte die Kommunikation in einer Weise, die einer Revolution gleichkam, und das war es, was die Gesellschaft auf Dauer veränderte. So gut wie nichts blieb beim Alten. Eine analoge Entwicklung findet im Moment statt: Die Informationstechnologie ist quasi der Buchdruck der Neuzeit. Der Austausch von Informationen verändert sich rasant und ist so schnell wie noch nie in der menschlichen Zivilisationsgeschichte, und wenn Kommunikation durch neue technische Möglichkeiten erleichtert wird, dann nimmt der Anteil informationsbezogener Tätigkeiten zu, das haben schon die Erfahrungen mit früheren Medien wie Buchdruck, Telefon, Rundfunk, Film und Fernsehen gezeigt.

Als Folge dieser Entwicklung ist in den hoch entwickelten Ländern heute schon mehr als jeder zweite Erwerbstätige ein so genannter Informationsarbeiter. Es gibt Prognosen, nach denen gegen Ende dieses Jahrzehnts vier Fünftel aller menschlichen Arbeiten aus dem Umgang mit Information bestehen werden. Die Arbeit von immer mehr Menschen wird es sein, Daten in Wissen und Bedeutung zu verwandeln.

Wir haben früher einmal geglaubt, dass der Computer die Kopfarbeit übernehmen und entwerten würde, so, wie klassische Maschinen die Muskelarbeit ersetzt haben. Das Gegenteil ist passiert: Der Computer übernimmt immer mehr Routinetätigkeiten und das, was übrig bleibt, wird intellektuell immer anspruchsvoller. Zunehmend wird die Fähigkeit abgefordert, Informationen zu verstehen, auf sie zu reagieren, sie zu verwalten und Mehrwert daraus zu schaffen. Immaterielle Komponenten und Werte haben einen wachsenden Anteil an der Wertschöpfung. Der Umgang mit Daten, Informationen und vor allem mit Wissen erhält mehr und mehr die Schlüsselrolle für den effektiven Einsatz aller anderen Produktionsfaktoren. Die weltweite Vernetzung von Computern ermöglicht es, auf manchen Feldern Güterströme durch Datenströme zu ersetzen. Bei diesem Wechsel vom „Atom zum Bit" wird aus bisheriger Produktion eine Dienstleistung, aus Industriearbeit wird Informationsarbeit. Aktuelles Beispiel ist der weltweite Austausch von Musikdateien über das Internet.

Eine Ökonomie, deren wichtigstes Produkt leicht kopierbare Informationen sind, funktioniert nach anderen Regeln als eine Wirtschaft, in der unter Einsatz von Rohstoffen, Kapital und Arbeit materielle Güter hergestellt und gehandelt werden, deshalb spricht man von einer Neuen Ökonomie. Ein altes chinesisches Sprichwort besagt: Wenn zwei Menschen je ein Ei besitzen und diese Eier tauschen, dann hat hinterher jeder wieder ein Ei. Wenn zwei Menschen je eine Idee haben und tauschen diese aus, dann hat hinterher jeder zwei Ideen.

Im Gegensatz zu materiellen Gütern können Informationen transferiert, verschenkt, verkauft, getauscht werden, ohne dass sie ihren ursprünglichen Besitzer verlassen. Bits und Ideen kann man verkaufen und gleichzeitig behalten: Original und Kopie sind nicht voneinander zu unterscheiden. Informationsprodukte müssen nur ein einziges Mal entwickelt werden, um von allen verwendbar zu sein – sie können über Computernetzwerke praktisch ohne Mehraufwand millionenfach vervielfältigt und verteilt werden. Bei der Herstellung materieller Güter verbrauchen sich die Produktionsfaktoren – also Arbeit, Rohstoffe und Kapital – im Produktionsprozess: Um mehr zu produzieren, muss man mehr davon einsetzen.

Bei immateriellen Gütern wird der Wert weniger durch Arbeit, als vielmehr durch Wissen vermehrt. Wissen und Informationen sind aber Ressourcen, die sich nicht erschöpfen, sondern durch ihren Gebrauch sogar noch vermehrt werden. Bei Informationsprodukten zählt die Qualität der eingeflossenen Ideen und nicht die darauf verwandte Arbeitszeit – so, wie man auch einen Roman nicht nach der Anzahl der Zeilen oder Schreibstunden bewertet. Nicht schnellere Maschinen, sondern bessere Qualifikation, Kommunikation und Motivation führen hier zu höherer Produktivität.

Materielle Dinge unterliegen unwandelbaren Erhaltungsgesetzen: Es kann nicht mehr konsumiert werden als produziert wird. Anders bei Informationen: Jeder von uns nimmt mehr Informationen auf, als er abgibt. Grenzen des Wachstums sind für immaterielle Güter, bislang jedenfalls, nicht erkennbar. Je mehr Menschen Wissen verarbeiten, je leistungsfähiger die IT-Systeme sind, desto mehr „Rohstoff" und Aufgaben für andere Wissensarbeiter entstehen. Informationsarbeit erzeugt vor allem immer neue Informationsarbeit.

Früher dachte man, steigende Produktivität würde zu kürzeren Arbeitszeiten führen. Die zunehmende Freizeit – so befürchtete man in den sechziger Jahren – würde zu einem ernsten Problem werden. Heute zeigt sich, dass in der Informationsgesellschaft für viele eher das Gegenteil der Fall ist: Die Grenze zwischen Arbeit und Freizeit verschwindet zusehends. Wir sind sowohl in der Arbeit als auch in der Freizeit mehr und mehr beschäftigt – hier wie dort vor allem mit Informationen. Bezeichnet man Gesellschaftsformen nach den Tätigkeiten, die das Leben der Mehrzahl ihrer Mitglieder prägen, leben wir also schon länger in der so genannten Informationsgesellschaft. Charakteristisch für sie ist es übrigens nicht, dass Information einen besonderen Wert annähme. Charakteristisch ist vielmehr die nicht mehr zu bewältigende Flut an Informationen. Nun haben aber Informationen, die keine Beachtung finden, auch keinen ökonomischen Wert. Deshalb wird nicht die Information als Ware zum knappen Gut, sondern vielmehr die Aufmerksamkeit, die sie auf sich ziehen kann. Je größer die Informationsflut, desto höher wird Aufmerksamkeit bewertet und honoriert. Einschaltquoten, Auflagenhöhen, Besucher-, Zugriffs- und Zitatzahlen sind Maße für die Einkünfte an Aufmerksamkeit, die sich durchaus in bare Münze verwandeln lassen. Steigende Werbeetats und Starhonorare, explodierende Werte von Markennamen oder viel besuchten Internetseiten sind nur einige Indizien dafür, dass die neue Theorie von der Ökonomie der Aufmerksamkeit einen durchaus realen Hintergrund hat. Dazu zwei Beispiele:

Der US-Basketballstar Michael Jordan kassiert für seine Nike-Werbung pro Jahr rund zwanzig Millionen US-Dollar, das ist doppelt so viel, wie die zwölftausend asiatischen Näherinnen verdienen, die diese Schuhe herstellen.

Die Kabel-TV-Firma AT-Home bezahlte für die Internet-Suchmaschine Excite 6,7 Mrd. US-Dollar. Zum Vergleich: Der Autokonzern Ford kaufte Volvo für 6,45 Mrd. US-Dollar.

Geradezu symbolisch für den Übergang in eine Informationsgesellschaft ist auch die Tatsache, dass gegen Ende des 20. Jahrhunderts Microsoft zum teuersten Unternehmen der Welt wurde. Der Börsenwert (ca. 450 Mrd. US-Dollar, 1999) dieses vergleichsweise jungen Unternehmens übersteigt heute den der zwölf umsatzstärksten Autokonzerne der Welt zusammengenommen! Beispielsweise erzielt ein alter, an teuren Anlagen reicher Industriegigant wie General Motors mit dem zehnfachen Umsatz und fast 30 Mal so vielen Beschäftigten nur noch ein Zehntel des Marktwerts von Microsoft.

Ein Gedankenspiel: Angenommen, die Microsoft-Mitarbeiter würden ab morgen nicht mehr zur Arbeit erscheinen – der größte Börsencrash der Geschichte wäre die Folge, denn der Buchwert des Unternehmens ist vernachlässigbar: einige Bürogebäude und Computer. Die wachsende Differenz zwischen Buch- und Börsenwert von Unternehmen der Informationswirtschaft zeigt, dass hier die Mitarbeiter, das so genannte Humankapital, das einzig wichtige Kapital sind. Rohstoffe, Maschinen, Energie, Grundbesitz und Realkapital, die ganze Palette der traditionellen Produktionsfaktoren, verlieren an Bedeutung und mit ihnen die ökonomischen Theorien, die sich hierauf gründen.

Humankapital unterscheidet sich von Sachkapital unter anderem dadurch, dass sich an ihm kein Eigentum erwerben lässt. In der Informationsökonomie verändert sich deshalb das Machtverhältnis zwischen Mitarbeitern und Unternehmen. Das entscheidende Produktionsmittel gehört nicht mehr den Kapitalisten, sondern den Mitarbeitern: Es ist das Wissen in ihren Köpfen.

Bei der alten Ökonomie galt das Hauptinteresse der Herstellung von Objekten zu möglichst geringen Kosten. Mit Verbreitung der IT bildet sich eine Ökonomie heraus, bei der Ideen und Innovationen die wichtigste Rolle spielen. Damit wandelt sich auch die Aufgabe und der Aufbau von Organisationen. Zum wichtigsten Wettbewerbsvorteil einer Organisation wird ihre Fähigkeit, aus vorhandenem Wissen neues Wissen zu erzeugen.

Die heute noch vorherrschende Organisationsform, die funktionelle Hierarchie, wird früher oder später verschwinden, da in ihr die Entfaltung von Wissen und individuellen Fähigkeiten massiv behindert wird. Künftig wird statt Pflichterfüllung Erfolg gemessen und beurteilt. Traditionelle Aufpasser und das System von Anweisung, Gehorsam und Kontrolle verlieren an Bedeutung. Wer nach Leistung bezahlt wird, sorgt schon selbst dafür, dass er seine Arbeitskraft optimal nutzt.

In der Informationsökonomie hängt wirtschaftlicher Erfolg vor allem von effizienter Kommunikation ab. Das Unternehmen von morgen wird häufig nichts anderes sein als ein kleiner Kern von wenigen fest angestellten Mitarbeitern, die Fäden zu Lieferanten und externen Spezialisten knüpfen und diese zu einem Wertschöpfungsnetzwerk vereinen, um das gemeinsame Produkt herzustellen. Das Unternehmen wird virtuell: Was von außen als Konzern erscheint, ist in Wahrheit nur ein solches Netzwerk – die Sportartikelfirma Nike ist ein gutes Beispiel für ein solches virtuelles Unternehmen.

Im Verlauf der Industrialisierung wurde Arbeit neu definiert, denn die Industrieproduktion erforderte den Transport des Produktionsfaktors Mensch zu den Produktionsstätten. Dabei entstanden viele Zwänge und Grenzen, die für uns heute selbstverständlich sind: zum Beispiel die Trennung von Wohnort und Arbeitsort, die Einteilung des Tages in Arbeitszeit und Freizeit, die Grenzen zwischen verschiedenen Lebensphasen. Nun geschieht Ähnliches mit umgekehrtem Vorzeichen: Computernetze bringen den Produktionsfaktor Information zu den Menschen, der Zwang zum kasernierten Arbeiten wird bei vielen Formen von Informationsarbeit wieder aufgehoben: Arbeit bezeichnet dann wieder das, was man tut, nicht wohin man geht. Das starre Regime von Ort und Zeit – ein Grundpfeiler der industriellen Arbeitskultur – wird zur Disposition gestellt. Arbeit zerfällt in viele Formen, die Grenzen zwischen Arbeits- und Freizeit, Wohn- und Arbeitsort, abhängiger und selbständiger Beschäftigung sowie zwischen Lernen, Arbeiten und Ruhestand werden zunehmend unscharf.

Überall breiten sich Arbeitsformen aus, die wir heute noch atypisch nennen: Teilzeitarbeit, Leiharbeit, befristete Arbeit, Telearbeit, Honorarvertragsarbeit usw. Schon heute sind in Deutschland nur noch rund zwei Drittel aller Arbeitsplätze so genannte Normalarbeitsverhältnisse – noch in diesem Jahrzehnt dürfte der Anteil auf unter 50 Prozent sinken. Wie jeder Wandel, so hat auch dieser seine Licht- und Schattenseiten. Es gibt eine gute und eine schlechte Nachricht. Die gute: Sie können überall und jederzeit arbeiten. Die schlechte: Sie können überall und jederzeit arbeiten.

Die meisten Arbeiten, die routinemäßig genug sind, um gemessen zu werden, werden früher oder später an technische Systeme übertragen. In der Informationsökonomie findet Wertschöpfung künftig immer weniger bei Standardabläufen und immer mehr bei der Bewältigung von Ausnahmesituationen statt. (Wer zum Beispiel Softwarepakete verschenkt, verdient sein Geld mit dem Betrieb von Hotlines und Helpdesks.) Diese Tätigkeiten entziehen sich weitgehend dem herkömmlichen Produktivitätsbegriff und damit auch den herkömmlichen Formen von Regulierung. In dieser flüssigen Arbeitswelt mit unscharfen Grenzen kommen auch der traditionellen Tarifpolitik die Grundlagen abhanden.

In der Informationsökonomie steht deshalb das Einkommen nicht länger starr in Beziehung zur investierten Arbeitszeit, sondern hängt mehr und mehr ab von dem Geschick, der Originalität und der Schnelligkeit, neue Probleme zu identifizieren, sie auf kreative Weise zu lösen und überzeugend zu kommunizieren. In der Informationsökonomie sind Märkte sehr transparent, deshalb wird Wettbewerb immer mehr zum Zeitwettbewerb. Wurden früher die Kleinen von den Großen gefressen, so überholen in Zukunft die Schnellen die Langsamen. Time-to-Market wird zur alles entscheidenden Größe, oft entscheiden nur wenige Wochen über Top oder Flop.

Wenn Routinetätigkeiten automatisiert werden und es zusehends darauf ankommt, möglichst schnell gute Ideen zu entwickeln, dann verlieren herkömmliche Karrierewege, formale Ausbildungsabschlüsse, standardisierte Berufsbilder und fixierte Stellenbeschreibungen allmählich an Bedeutung. Eine vielerorts zu beobachtende Folge ist eine zunehmende Ungleichheit in der Einkommensverteilung. Damit wächst allerdings die Gefahr einer Polarisierung der Gesellschaft zwischen Gewinnern und Verlieren, zwischen Usern und Losern. Vor allem in den USA gibt es eine intensive Diskussion über eine digitale Spaltung der Gesellschaft.

Die Wettbewerbsfähigkeit einer jeden Volkswirtschaft hängt immer mehr davon ab, wie viel Menschen Zugang zu Informationen haben und diese zu nutzen verstehen. Dabei spielt die informationstechnische Infrastruktur eine wachsende Rolle. Hier zeigt der jüngste Human Development Report der UN eine dramatische Ungleichverteilung in der Welt. Beispielsweise entfallen auf Nordamerika mit kaum fünf Prozent der Weltbevölkerung mehr als 50 Prozent aller Internet-Nutzer, Südasien mit über 20 Prozent der Weltbevölkerung verzeichnet dagegen weniger als ein Prozent. Die USA verfügen über mehr Computer als die gesamte restliche Welt. Ein Computer kostet den durchschnittlichen Bangladescher acht Jahreseinkommen, den Durchschnittsamerikaner lediglich einen Monatslohn. Die umfangreichen UN-Tabellen zeigen eines sehr eindrucksvoll: Weltweit hängen Wohlstand und Entwicklungschancen in wachsendem Maße vom Grad der Durchdringung mit Informationstechnik und deren effektiver Nutzung ab. Das Thema eines freien und kostengünstigen Zugangs zu Information muss also noch dringender als bisher von der Politik aufgegriffen werden.

Die Veränderungen in der Ökonomie führen zu einer Erosion der industriell geprägten Arbeitskultur – das Verhältnis der Menschen zu ihrer Arbeit wandelt sich. Industriell geprägte Arbeit wird meist als eine Last begriffen, da sie vielfach auch mit Demütigung und Zurücksetzung verbunden war und ist. Die neuen Arbeits- und Organisationsformen bieten oftmals mehr Raum zur persönlichen Entfaltung und Identifikation. Die so genannten Yetties (young, entrepreneurial, tech-based) in den Internetfirmen sind die Vorreiter eines neuen Arbeitskrafttyps. Sie werden von der „Droge Arbeit" oft so sehr aufgesogen, dass andere Lebensbereiche in den Hintergrund treten. Zwar halten derzeit im Dienstleistungsbereich mit Call-Centern und Back-Offices vielerorts erneut tayloristische Arbeitsformen Einzug. Gleichwohl lässt sich insgesamt gesehen ein tief greifender Wertewandel der Arbeit nicht verleugnen.

Arbeit hat aber nicht nur ökonomische Bedeutung, Arbeit ist auch eine Quelle von Identitätsbildung, der Betrieb ist ein Ort, in dem Gemeinschaft entsteht. Wenn sich der klassische Betrieb auflöst, werden sich neue Formen gemeinschaftsorientierten Handelns und neue Quellen der Identitätsbildung entwickeln. Gewerkschaften können hierbei eine Rolle spielen, wenn sie den Menschen Begegnungs- und Kommunikationsmöglichkeiten und eine soziale Heimat bieten.

Langfristig werden wir auch das Denken in der traditionellen Kategorie Arbeitsplatz aufgeben müssen, es wird zunehmend um die Fähigkeiten gehen, die Menschen in die Lage versetzen, ihren Lebensunterhalt zu verdienen. Wenn die festen Arbeitsverhältnisse verschwimmen, wird es eine immer wichtigere Aufgabe werden, sich um Beschäftigungsfähigkeit, um die Employability, zu kümmern, damit wird der gesamte Bereich der Aus- und Weiterbildung zu einem immens wichtigen Aufgabenfeld. Denn der Bedarf an Qualifizierung wächst in dem Maße, in dem Wissen immer schneller veraltet. Gleichzeitig investieren die Unternehmen aber immer weniger in das Humankapital, da sie befürchten, dass die Menschen die Firma verlassen, bevor sich die Investition auszahlt.

Sicherlich wird mit der Neuen Ökonomie nicht die alte Notwendigkeit zu politischer Orientierung und Organisation überflüssig. Die Informations- und Dienstleistungsgesellschaft trägt keineswegs nur die Züge eines goldenen Zeitalters, wie es der Soziologe Jean Fourastié 1954 in seinem Werk „Die Große Hoffnung des 20 Jahrhunderts" prophezeite. Im Gegenteil, es spricht sehr viel für die Annahme, dass mit dem Strukturwandel die Ungleichheiten in der Welt, die Gegensätze zwischen Arm und Reich dramatisch zunehmen werden. Auch in Zukunft brauchen viele Menschen Unterstützung; nur wird sie anders aussehen müssen als bislang.

Nachbemerkung

Seitdem dieser Vortrag auf dem Global Dialogue 9 der EXPO 2000 gehalten wurde, ist vor allem in der so genannten New Economy viel passiert. Was damals noch mit reichlich hochfliegenden Erwartungen insbesondere auf dem Börsenparkett verbunden war, ist inzwischen weithin in Enttäuschung umgeschlagen, aus der Euphorie wurde eine regelrechte Depression. Solche Achterbahnfahrten an den Börsen sind allerdings nichts Ungewöhnliches, im Gegenteil: Das Aufkommen neuer Schlüsseltechnologien löste auch in der Vergangenheit regelmäßig Überinvestitionskrisen aus. Als beispielsweise im 19. Jahrhundert die Eisenbahn als neue Technologie die Transportkosten für Menschen und

Material dramatisch senkte, folgte einer phänomenalen Boomphase ein ebensolcher Börsencrash – langfristig jedoch sorgte die Basistechnologie der damaligen New Economy für einen gesamtwirtschaftlichen Produktivitätsschub ohnegleichen, der letztlich in einen Jahrzehnte anhaltenden Wirtschaftsaufschwung mündete. Insofern gilt auch heute: Wer bei populären Schlagworten wie New Economy nur an Aktienmärkte denkt und sich von Börsenkapriolen blenden lässt, der läuft Gefahr, langfristig wirkende Veränderungen zu übersehen, die die rasche Fortentwicklung von Informationstechnik und insbesondere Netzwerktechnologien nach sich zieht. Neue Netzwerktechniken werden in unser tägliches Leben, in unsere Kultur eingewoben wie zuvor bereits Telefon, Radio und Fernsehen. Betrachtet man Computer, digitale Netze und insbesondere das Internet als den „Buchdruck der Neuzeit", so steht zu vermuten, dass wir derzeit erst am Beginn folgenreicher Veränderungen stehen – mit dem neuen Medium entsteht eine neue Gesellschaft, also weit mehr als nur eine Neue Ökonomie.

Resümee

Der zehnte und letzte Global Dialogue stand unter einem besonderen Vorzeichen: Er bildete Abschluss und Höhepunkt zugleich. Anders als die vorangegangenen, die sich jeweils einem speziellen Thema gewidmet hatten, verstand sich die letzte Konferenz als Resümee aller Dialoge. Gleichzeitig sollten auf diesem Forum Empfehlungen für das kommende Jahrtausend formuliert werden. Dazu hatte die EXPO 2000 gemeinsam mit dem Club of Rome, der Deutschen Gesellschaft für technische Zusammenarbeit (GTZ), dem Auswärtigen Amt und WYRE (eine gemeinsame Initiative der Stiftung Jugend forscht und der Deutschen Bank) 50 junge (maximal 30 Jahre alte) so genannte Entscheidungsträger von morgen, die sich laut Veranstalter „bereits durch besondere Leistungen und Engagement ausgezeichnet hatten", nach Hannover eingeladen. Sie waren aus fünf Kontinenten und 37 Staaten angereist, um diesen letzten Global Dialogue zu gestalten. Dabei waren sie aufgefordert, die Thesen der vergangenen Veranstaltungen auf den Prüfstand zu stellen, sie mit ihren eigenen Zukunftsentwürfen und Visionen zu konfrontieren und quasi als Quintessenz aller Global Dialogues nachhaltige Lösungsansätze für das 21. Jahrhundert zu formulieren. „Rütteln Sie uns auf! Seien Sie mutig! Bringen Sie etwas Konkretes, damit helfen Sie uns allen!", ermutigte EXPO-Chefin Birgit Breuel in ihrer Eröffnungsansprache die jungen Teilnehmer.

Doch wie sollten die geladenen Gäste die vorangegangenen Dialoge bewerten, hatten sie sie doch gar nicht oder nur bedingt über das Internet verfolgen können? Erst einen Monat zuvor waren sie von den Institutionen rekrutiert worden: Fünfzehn waren von der GTZ über Jugendprojekte in Lateinamerika, Asien und Afrika ausgewählt worden, WYRE hatte weitere fünfzehn mit Hilfe eines Aufsatzwettbewerbs ermittelt, und das Auswärtige Amt hatte für die Nominierung seine Kontakte zum Deutschen Akademischen Austauschdienst genutzt. Auf der EXPO wurden sie dann einen halben Tag lang in einer Tour de Force über die vorangegangenen neun Global Dialogues informiert. Für eine gründliche Vorbereitung fehlte es also an Zeit.

So vorbereitet, war diese heterogene Truppe von „young leaders of today and tomorrow“ aufgefordert, gemeinsam das „Vermächtnis von Hannover“ zu erarbeiten. Wen wundert's, dass vor diesem Hintergrund die eine oder andere Empfehlung recht vage, sehr allgemein oder etwas zu dünn ausfiel. Dennoch ist die „Declaration of Hanover“ ein wichtiges Dokument.

Zukunft braucht globale Partnerschaft – Die Erklärung von Hannover

Während der EXPO 2000 in Hannover haben insgesamt neun dreitägige Global-Dialogue-Veranstaltungen stattgefunden, die sich mit den Problemen der Menschheit im 21. Jahrhundert befasst haben. Organisiert wurden diese Foren von rund sechzig renommierten Institutionen aus allen Teilen der Welt. Insgesamt nahmen an diesen Diskussionen ca. dreitausend Personen aus allen Bereichen der Gesellschaft teil. Die Resonanz in den Medien und die Internetübertragungen bestätigten das Interesse an den Global Dialogues.

Zum 10. Global Dialogue haben wir, fünfzig Entscheidungsträger von heute und morgen aus 37 Staaten, uns in Hannover getroffen, uns mit den Empfehlungen der neun Global Dialogues auseinander gesetzt und sie mit unseren eigenen Visionen verglichen. Das Resultat sind diese Vorschläge, die wir hiermit an Politik, Wirtschaft, Wissenschaft und Gesellschaft richten:

- Lösungen müssen alle einbeziehen, Regierungen spielen eine wichtige Rolle. Privatwirtschaft, Wissenschaft und Zivilgesellschaft sind als Partner notwendig. Nur globale Partnerschaften zwischen allen Beteiligten können die Welt verbessern.
- Die Denkkategorien des 20. Jahrhunderts sind nicht mehr tragfähig; neue Ansätze eines „Less can be more“ sind genauso notwendig wie die Umsetzung des Grundsatzes „Think global, act local“.

Das sind im Folgenden unsere Überlegungen und Anregungen zu den jeweiligen Global Dialogues:

Global Dialogue 1
Natürliche Ressourcen: nachhaltige Herausforderung

Um nachhaltige Entwicklung zu ermöglichen, müssen wir die ganze Gesellschaft davon überzeugen, dass „weniger häufig mehr sein kann“.

Innerhalb eines engen Zeitrahmens müssen alle Nationen und „politischen Organe“ (u. a. UN, EU) weltweit die gleichen Prinzipien der Nachhaltigkeit in ihre Verfassung oder Statuten aufnehmen. Die Erfüllung dieser Prinzipien muss durch eine Reihe von Indikatoren bewertet werden.

Die Weltgemeinschaft sollte die Massenmedien nutzen, um ein System zur Förderung von nachhaltiger Entwicklung zu schaffen, welches den nachhaltigen und fairen Handel ermöglicht.

Global Dialogue 2
Weltgesellschaft politisch verantwortlich gestalten

Es ist notwendig, die gemeinschaftlichen Kräfte der Menschen auf allen Ebenen der Staaten, Märkte und der Bürgergesellschaft zu mobilisieren, um das Leben im 21. Jahrhundert demokratischer, sicherer und nachhaltiger zu gestalten, wobei Menschenrechte und Geschlechtergerechtigkeit besonders betont werden müssen.

Wir müssen nach vollständigem – jedoch schrittweisem – Schuldenerlass für die hoch verschuldeten Länder streben.

Neue Mechanismen müssen geschaffen werden, die sicherstellen, dass die Machtzentren auf nationaler und globaler Ebene – eingeschlossen die Finanzinstitutionen und transnationalen Unternehmen – sich gegenüber der Zivilgesellschaft mit Respekt verhalten und mit Verantwortung handeln.

Junge Menschen sind auf allen Ebenen der strategischen Entscheidungsfindung zu beteiligen, nur so können demokratische Systeme verbessert werden.

Global Dialogue 3
Wissenschaft und Technik – Die Zukunft denken

Wissenschaft und Technologie sind grundlegend für die menschliche Entwicklung. Gleichzeitig muss aber bedacht werden, dass der wissenschaftliche Fortschritt für die Gesellschaft Risiken schafft.

Forschungsmittel für Wissenschaft und Technik müssen von Nord nach Süd gelenkt werden. Dies kann durch Partnerschaften zwischen Universitäten, Unternehmen und Regierungen geschehen.

Global Dialogue 4
Wege aus der Armut: soziale Innovationen und neue Allianzen

Es gibt kein ausreichendes weltweites Bewusstsein über Armut. Es müssen Partnerschaften und Netzwerke zwischen Entwicklungs- und Industrieländern mit folgenden Zielen geschaffen werden:

- Überwachung der „guten Zusammenarbeit“,
- Schaffung effizienter und guter Regierungsführung und deren Unterstützung,
- Bereitstellung von Ressourcen für diejenigen, die diese benötigen.

Es bedarf einer Konsensbildung darüber, wie Armut zu bekämpfen ist. Einig sein müssen sich Regierungen und Zivilgesellschaft sowie die multinationalen Unternehmen in Industrie- und Entwicklungsländern. Vor allem ist dabei zu beachten, dass

- multinationale Unternehmen zur Investition in regionale Projekte verpflichtet werden und dass für die Beteiligten eine Win-win-Situation entsteht,
- es nationale Instanzen der Kontrolle gibt, z. B. Berufungsgerichte, die über eine gerechte und soziale Verteilung wachen.

Darüber hinaus muss das Bewusstsein geschärft werden für die Dimensionen der Armut und die Dringlichkeit der Hilfe. Dazu müssen folgende Themen diskutiert werden:

- Bildungssystem,

- Medien,
- politische Entscheider,
- Großunternehmen,
- Solidaritätsbewegungen.

Weltweit müssen die Armen besser unterstützt werden, allerdings mit der Maßgabe, an der Reduzierung der Armut selbst mitzuwirken. Vor allem Frauen sind zu fördern. Sie spielen eine Schlüsselrolle in der Bekämpfung der Armut.

Global Dialogue 5
Ländlicher Raum im 21. Jahrhundert: Arbeit, Technologie und nachhaltige Politik

Die städtische Entwicklung im letzten Jahrhundert hat die wirtschaftliche Bedeutung des ländlichen Raums zunehmend verringert.

Der technische Fortschritt und in seinem Gefolge die wirtschaftliche Entwicklung hat zur Marginalisierung der ländlichen Gemeinschaft geführt.

Politische Gremien müssen den ländlichen Raum wirtschaftlich lebensfähig machen, indem sie bei der Landbevölkerung die nachhaltige Nutzung der natürlichen Ressourcen unterstützen und die Wirtschaftssysteme durch eine lokale Ausrichtung der Produktion und der Verteilung dezentralisieren.

Die Kommunikation zwischen Dörfern muss verbessert werden mit dem Ziel, eine Zivilgesellschaftsorganisation mit „einer Stimme und einer Wahlmöglichkeit“ zu errichten („a voice and a choice“).[1]

Global Dialogue 6
Gesundheit – Schlüssel zur Entwicklung der Menschheit

Ignoranz ist genauso tödlich wie extreme Armut. Daher ist es von größter Bedeutung für nationales Wohlergehen und wirtschaftlichen Fortschritt, dass Gesundheit durch Bildung gemäß der „Top-down/bottom-up-Methode“[2] angegangen wird.

Neue weltweite Partnerschaften müssen zwischen Wissenschaftlern, Universitäten und Unternehmen entwickelt werden. Im Mittelpunkt sollte dabei die lokale Erforschung des enormen Heilungspotentials lokaler Pflanzen- und Tierressourcen stehen.

Globale Netzwerke zwischen innovativen Gesundheitsfürsorgeinitiativen müssen geknüpft werden, um lösungsorientierte Erfahrungen für weitverbreitete Probleme wie HIV/Aids auszutauschen.

Die Erhebung einer internationalen Mindeststeuer auf Tabakprodukte, die für Anti-Raucher-Kampagnen verwendet wird, ist anzustreben.

Global Dialogue 7
Wege zur Lerngesellschaft – Wissen, Information und menschliche Entwicklung

Grundlegende Bildung und lebenslanges Lernen sind eine Notwendigkeit. Bildung sollte ein Recht und kein Privileg sein. Bestehende internationale Bildungsprogramme neigen dazu, eher elitär zu sein. Alle Schüler sollten die Möglichkeit erhalten, ein Verständnis für andere Kulturen zu entwickeln.

Informelle Fertigkeiten und informelles Wissen, insbesondere die traditionelle Weisheit des Südens, müssen erkannt und integriert werden.

Global Dialogue 8
Kultur in Bewegung

Auf Grund der Globalisierung laufen Kulturen Gefahr, ihre eigene Identität und Sprache zu verlieren; daher gilt es, offen für andere Kulturen zu sein und dennoch in der eigenen Kultur verwurzelt zu bleiben.

Die Gesellschaft muss Wege finden, um gute Bedingungen für junge Familien zu schaffen. Der Wert der Familie für die Gesellschaft muss erkannt und gewürdigt werden.

Dem Homogenisierungseffekt der neuen Massenmedien muss entgegengesteuert werden, indem die individuelle Kreativität gefördert und unterstützt wird. Die durch das Internet geschaffenen Möglichkeiten einer gegenseitigen Verständigung müssen gefördert, gleichzeitig aber die negativen Auswirkungen eines exzessiven Medienkonsums vermieden werden.

Global Dialogue 9
Arbeiten im 21. Jahrhundert – nachhaltiges Wirtschaften und soziale Verantwortung

Um soziale Gerechtigkeit für alle zu erreichen, müssen Mindeststandards und Sicherheit für Arbeiter gewährleistet sein.

Diese internationalen Unternehmensstandards für alle werden von der ILO, von lokalen Regierungen und Gewerkschaften zertifiziert.

Es müssen institutionell bindende Arbeitsstandards für Frauen in allen Branchen gelten, die den unterschiedlichen Kulturen der jeweiligen Länder gerecht werden. Gleichzeitig werden diskriminierende Praktiken verurteilt. Gleiche Bezahlung für gleiche Arbeit ist eine der Hauptforderungen.

Angemessene, regional und global anerkannte Bildungssysteme, die einen Zugang zum globalen Arbeitsmarkt schaffen, müssen für alle geschaffen werden.

Wir, 50 junge Entscheidungsträger von heute und morgen, sind besorgt über den Zustand der Erde. Reden allein reicht nicht – handelt endlich! Wir sind bereit, Verantwortung zu übernehmen.
Wir wenden uns hiermit an die Organisatoren des Global Dialogue und bitten, unsere Vorschläge an die Bundesregierung, an alle an der EXPO 2000 teilnehmenden Nationen und Organisationen sowie an die Veranstalter der EXPO 2005 in Japan weiterzuleiten.

Teilnehmer der Arbeitsgruppe

Adamov	Gordana	Jugoslawien
Adams	Kirsty Dané	Südafrika
Alwala	Rachel	Kenia
Badrudine	José Samuel	Mosambik
Bilal	Babar	Pakistan
Bögelein	Verena	Deutschland
Boezak	Lynn Eloise B.	Südafrika
Bravo	Ramon	Mexiko
Cormican	Marie Agathe	Irland

Cruz Soto	Brenda Lia	Dominikanische Republik
Debono	Henrietta	Malta
Dessai	Suraje	Portugal
Lange	Oliver C.	Deutschland
Leal	Alejandro	Costa Rica
Lyubchak	Maryna	Ukraine
Friel	Brenda	Nordirland
Gatzky	Janina	Deutschland
Geofrey	Ekanya	Uganda
Hettige	Rashmi Mekhala	Sri Lanka
Iwobi	Azuka Nkem	Nigeria
Junger	Julia Maria	Deutschland
Kabus	Sven	Deutschland
Konecn	Tomás	Tschechien
Konschak	Alexander	Deutschland
Masinde	Peter Wafula	Kenia
Melar	Marta	Jugoslawien
Menzel	Florian	Deutschland
Mtaka	Nhlanhla	Südafrika
Munoz	Julio César	Dominikanische Republik
Mutatina	Daniel Denis	Uganda
Mvula	Eino Natangwe	Namibia
Mwangi	Serah Watetu	Kenia
Nsangi	Mary Kakembo	Uganda
Ntlhayakgosi	Tumelo Kenneth	Botswana
Opitz	Christiane	Deutschland
Orinda	Eddy Nicholas Ombudo	Kenia
Parvand	Marjan	Deutschland /Iran
Peace	Memurungi M.	Uganda
Portus	Ben	Großbritannien
Prasojo	Eko	Indonesien
Puri	Rabindra	Nepal
Rahman	Lisabona	Indonesien
Raji	Rotimi	Nigeria
Rodriguez	Ana Maria	Mexiko
Schindel	Estela	Argentinien
Seii	Jerotich	Kenia
Stival da Silva	Ana Lucia	Brasilien

Tokovenko	Bogdan	Ukraine
Tremmel	Jörg	Deutschland
Verteyko	Sergey	Weißrussland
Viehöver	Martin Gebhard	Deutschland

[1] Gemeint ist, dass auch ländliche Räume gleichberechtigt an der politischen Meinungs- und Willensbildung teilnehmen können (die Red.).
[2] Lernen soll beidseitig, von oben nach unten und von unten nach oben, stattfinden (die Red.).

Nachwort

Die Welt neu entdecken

Andreas J. Harbig

„Welch Meisterwerk ist doch der Mensch, wie groß an Vernunft, wie unbegrenzt an Fähigkeiten, an Gestalt und Geste wie wundersam harmonisch verschmolzen, im Tun wie gleich einem Engel, im Begreifen wie gleich einem Gott: das Schmuckstück der Welt, die Vollendung alles Lebendigen …" (William Shakespeare, Hamlet, 1603)

Wenn wir heute, vierhundert Jahre später, diese Passage aus Shakespeares Hamlet lesen, so klingt sie im Zeitalter der Globalisierung doch reichlich pathetisch – wenig realistisch und an den harten Fakten der Wirklichkeit vorbei. Was ist geschehen, dass die Wahrnehmung eines der bedeutendsten Dichter der westlichen Welt für unser heutiges Leben keinen handlungsleitenden Charakter mehr zu haben scheint?

Der Mensch hat durch die Verbindung von Technologie und Ökonomie die Machbarkeiten der letzten 150 Jahre bestimmt. Vom ersten Flugversuch der Brüder Wright 1903 bis zur Mondlandung 1969 – in nur 66 Jahren. Von Watts Dampfmaschine 1769 über das erste Automobil im Jahr 1878 bis zu dem von Ferdinand Porsche im Jahr 1935 konstruierten „Volkswagen" – in 166 Jahren. Und von der Konstruktion des ersten elektromagnetischen Telegrafen 1833 über die rapide Entwicklung und Nutzung des Telefons, bis zum voll integrierten Multifunktionshandy für Sprache, Text und Bild 2002 – in 169 Jahren.

Eine auch nur annähernd vergleichbar dynamische Entwicklung hat im Bereich der menschlichen Kommunikations- und Konfliktfähigkeit nicht stattgefunden. Auch auf ökologischem und soziokulturellem Gebiet haben wir Menschen, „groß an Vernunft und unbegrenzt an Fähigkeiten", im gleichen Zeitraum sowohl die Arten- als auch Sprachenvielfalt unserer Welt signifikant reduziert. So konstatiert der Anthropologe Wade Davis in dem Buch „Unantastbar": „Über der Erde lodert ein Feuer, das Pflanzen und Tiere, Kulturen, Sprachen, alte Fertigkeiten und visionäre Weisheit verschlingt. Diese Flammen zu ersticken und die Poesie der Vielfalt wieder zu erfinden ist die bedeutendste Herausforderung unserer Zeit."

Die asynchrone Entwicklung technologischer und ökonomischer Systeme auf der einen sowie sozialer, kultureller und ökologischer Systeme auf der anderen Seite wird immer dramatischer. Denn die Erde, unser Planet, ist ein einmaliges, nicht reproduzierbares geschlossenes System. Auf der Kugel gibt es kein Nirgendwo als Hinterhof für nicht lösbaren Problemmüll. Die Kugel, so der Theologe und Soziologe Wolfgang Sachs, enthalte eine Art holistische Botschaft: „In einer endlichen Welt, wo alle von allem betroffen sind, ist wechselseitige Achtsamkeit, ist mehr Selbstreflexivität über die Folgen des eigenen Handelns notwendig."

In den letzten 20 Jahren wurde uns immer wieder vor Augen geführt, wie weit wir von der notwendigen Selbstreflexion und „wechselseitigen Achtsamkeit" entfernt sind.

Ereignisse wie Bhopal (1984), Tschernobyl (1986), Exxon Valdez (1989), Brent Spa (1995), Aids-Pharma-Skandal in Südafrika (1999–2001), die Währungskrise in Argentinien oder Enron (2001/2002) sind Synonyme für humanitäre, ökologische und politisch-soziale Katastrophen. Die darüber hinaus vielfältigen, weltweit anhaltenden Kriegs- und

Terrorhandlungen verstärken die Notwendigkeit, neue Formen der Konfliktbewältigung zu finden. Wie lässt sich dieses Zerstörungs- und Konfliktpotenzial in Gestaltungskraft umwandeln? Können diese Ereignisse als unmissverständliche Lern- und Veränderungsimpulse im Sinne einer neuen, erweiterten Verantwortung dienen oder bleiben wir als Wiederholungstäter in alten Mustern verhaftet?

Ein Topmanager reflektierte einmal in einem Gespräch über seine Bildungs- und Berufssozialisation: „Während meiner akademischen Ausbildung und in meiner beruflichen Entwicklung ist niemals nach der Bedeutung meines Berufes oder meiner Organisation für die Gesellschaft gefragt worden. Welche Verantwortung mit unserem Handeln, individuell und unternehmerisch, verbunden ist, war zu keinem Zeitpunkt eine ernsthafte Fragestellung.“ Das heißt nicht, dass es gar kein Interesse an diesen Fragestellungen und Themen gab – man hat diese nur nicht zum Gegenstand öffentlicher Diskussionen oder Lern- und Entwicklungscurricula gemacht. Vor allem nicht in den Bereichen, die sich mit den Machbarkeiten in Technologie und Ökonomie beschäftigten.

Der ehemalige indische Präsident K. R. Narayanan fasste die Situation in Indien treffend zusammen: „Die Hälfte unserer Gesellschaft trinkt Coca-Cola und sonstige Softdrinks, die andere Hälfte muss mit ein paar Hand voll schmutzigen Wassers auskommen. Wir haben eines der weltweit größten Potenziale an technischem Personal, aber zugleich die größte Zahl an Armen und unterernährten Kindern. Wir senden Satelliten ins All inmitten von Elendshütten.“

Dass diese Kluft zwischen Arm und Reich nicht nur unmoralisch ist, sondern darüber hinaus ein menschheitsgefährdendes Potential in sich birgt, wird zunehmend zum allgemeinen Konsens. So forderte Bundeskanzler Gerhard

Schröder anlässlich der ersten Sitzung des Dialogforums 2015 zur Bekämpfung der Armut: „Ein friedliches Zusammenleben der Völker ist auf Dauer schwer vorstellbar, wenn die enormen Unterschiede im Entwicklungsstand und bei den Lebenschancen der Menschen in den armen und reichen Ländern weiter existieren. Wir dürfen uns mit diesen Gegensätzen nicht abfinden."

Vorliegende Publikation zeigt, wie vielfältig und komplex die Themen und Fragestellungen sind. Es bedarf daher einer neuen Herangehensweise. Eine Herangehensweise, die aus einem ganzheitlichen Verständnis heraus systemische Interdependenzen berücksichtigt und die von Wade Davis beschriebene „Poesie der Vielfalt" wieder erfindet. Nur ein auf Nachhaltigkeit angelegter, Vielfalt respektierender Globalisierungsprozess kann das produzieren, was wir uns alle wünschen: eine friedliche, von Fairness und Prosperität getragene Weltgemeinschaft.

Publikationen wie David Bohms „Science, Order and Creativity", Peter Senges „The Fifth Discipline", Daniel Golemans „Emotional Intelligence", John Dalla Costas „The Ethical Imperative", John Elkingtons „Cannibals with Forks: The Triple Bottom Line of 21st Century" oder Peter Druckers „Management Challenges for the 21st Century" sind hier richtungsweisend. Darüber hinaus werden seit über zehn Jahren Themen wie Nachhaltigkeit, Corporate Social Responsibility, Multi-Stakeholder Management, Managing Diversity, der Triple-Bottom-Line-Ansatz oder Brand-, Image- und Reputationsmanagement etc. an Universitäten, in Unternehmen und Regierungs- als auch Nichtregierungsorganisationen verstärkt diskutiert.

Spätestens seit dem Untergang von Enron und allen damit verbundenen Untersuchungen, Erklärungen und Analysen wird deutlich, dass unternehmerische und soziale Verantwortung Schlüsselfaktoren für nachhaltiges, profitables Wachstum sind.

Dies spiegelt sich auch an dem beachtlichen Interesse der Kapitalmärkte an Unternehmen, die im Sinne der Nachhaltigkeit agieren und berichten: In den USA machen so genannte „grüne Anlagen" mit über 2.000 Milliarden US-Dollar schon 10 Prozent des gesamten Anlagemarkts aus. Verschiedene Aktienindizes wie der Dow Jones Sustainability Group Index oder der Naturaktienindex helfen den Anlegern, die Aktienperformance ökologisch, ethisch und nachhaltig wirtschaftender Unternehmen zu messen.

Die Global Reporting Initiative, die im Jahr 1997 von der Coalition for Environmental Responsible Economies in Boston/USA, in Zusammenarbeit mit dem Umweltprogramm der UNO (UNEP) ins Leben gerufen wurde, hat einen Leitfaden entwickelt mit dem Ziel, die zentralen Aspekte für nachhaltige Unternehmensführung, also ökonomische, ökologische und soziale Aspekte, integriert zu betrachten. Die Nachhaltigkeitskompetenz eines Unternehmens wird als signifikanter Einflussfaktor auf die finanzielle Leistungskraft eines Unternehmens angesehen – „doing good means doing well".

Zu Recht. Denn nur durch systematisches Nachhaltigkeitsmanagement gewährleistet ein Unternehmen eine ausreichende Berücksichtigung seiner ökologischen und sozialen Umfeldanforderungen in der Unternehmensstrategie. Nur dadurch wird es möglich, frühzeitiger, systematischer und umfassender als bisher erfolgslimitierende Sachverhalte – die in der Nichterfüllung von Umfeldanforderungen begründet liegen – zu erkennen und entsprechende Gegenmaßnahmen zu ergreifen. In der Konsequenz heißt das: Durch die Integration von Nachhaltigkeits- und Risikomanagement in die Strategiefindungs- und Steuerungsprozesse kann ein Unternehmen seine Leistungsfähigkeit sichern und Wettbewerbsvorteile generieren.

Eine von PricewaterhouseCoopers in Vorbereitung zum World Economic Forum 2002 durchgeführte CEO-Umfrage zeigte unter anderem ein deutlich wachsendes Interesse der Unternehmensführer für die Themen Nachhaltigkeit und Corporate Social Responsibility (CSR). 69 Prozent, also mehr als zwei Drittel der Befragten, gaben an, dass das Thema CSR eine zentrale Größe für die Profitabilität ihres Unternehmens darstelle. Diese Manager haben den Gedanken von Henry Ford wiederentdeckt: „Das höchste Ziel des Kapitals ist nicht, Geld zu verdienen, sondern der Einsatz von Geld zur Verbesserung des Lebens."

Dieser Prozess wird durch eine neue, dialogorientierte Kommunikationsstrategie nachhaltig agierender Unternehmen flankiert: Durch präventive Kommunikation, die nicht erst bei Konfliktsituationen einsetzt, versuchen sie imageschädigenden Entwicklungen zuvorzukommen. Interessengruppen werden früher in Aktivitäten mit einbezogen; durch Roundtable-Gespräche, strategische Arbeits- bzw. Projektallianzen und Informationsveranstaltungen aller Art oder durch die Publikation von Berichten, die auf die Lage des Unternehmens in seinem gesellschaftlichen Umfeld eingehen. CSR ist dann nicht mehr nur ein Akt von Philanthropie. Die unterschiedlichsten Kooperationspartner sind dann im wahrsten Sinne des Wortes Quellen des Wissens und des gemeinsamen Gestaltens. Wenn zum Beispiel BP eine Partnerschaft mit „Friends of the Earth" eingeht, dann ist das eine strategische Lern- und Wissensgemeinschaft im Dialog.

In den Curricula der Eliteschulen der Ökonomie sind diese Themen heute durchgängiger Standard. Die französische Business School INSEAD wird beispielsweise Mitte

2002 die European Academy of Business in Society etablieren. Zielsetzung ist es, die Manager von heute und morgen in einem fortwährenden Prozess von Dialog und Partnerschaft zwischen Hochschulen und Unternehmen im Kontext von Ökonomie, Gemeinsinn und Politik nachhaltig handlungsfähig zu machen. PricewaterhouseCoopers unterstützt diese Initiative aktiv, wie u. a. auch Volkswagen, IBM, Shell, Microsoft, ABB, Citigroup und andere Firmen.

Es scheint unumgänglich, dass die Theorie der neoklassischen Ökonomen, die vom primär rational, eigennützig handelnden Individuum ausgehen, einer Neubetrachtung, ja einer Revision bedarf. Unsere Erfahrungen heute zeigen, dass ein ganzheitliches Wertschöpfungsverständnis gefragt ist, und dass hierfür zwischenmenschliche Codices wie Fairness, Verantwortung und Achtung die Grundlagen für nachhaltigen Erfolg und Prosperität darstellen. Menschen und Kulturen mit all der Verschiedenheit ihrer Erfahrungen und ihres Wissens in einen Dialog zu bringen – sozusagen Vielfalt zu dynamisieren – ist Basis für Innovation in sozialen, ökologischen und ökonomischen Kontexten.

Hier liegt die zentrale Herausforderung, das neue Lernfeld für alle Beteiligten. Es geht um die sinnhafte Verknüpfung der Themenfelder, um verantwortungsbewussten, interdisziplinären Dialog und eine damit verbundene neue Form der Wertschöpfung. Nur durch interdisziplinären Dialog erschließt sich die Vielfalt der Gestaltungsmöglichkeiten.

Diese Formen interdisziplinärer Kooperation zu den komplexen Themenstellungen unserer Welt verlangen neben Öffnung und Vertrauen vor allem auch den Abbau von Vorurteilen übereinander – den Abbau der Bilder, die man sich im Laufe der gemeinsamen Geschichte voneinander geschaffen hat. Schon vor über 2000 Jahren machte der griechische Philosoph Epiktet die Beobachtung: „Nicht die Dinge selbst beunruhigen den Menschen, sondern die Urteile und Meinungen über sie." Begegnungen im Dialog, also Austausch von Erfahrungen und das Erzählen über Erlebtes und Wahrgenommenes, sind eine notwendige Grundlage, sich gemeinsam den Dingen, den Herausforderungen unserer Welt zu widmen – und nicht beunruhigt durch unterschiedlichste Urteile und Meinungen an diesen Herausforderungen zu scheitern.

Wenn Astronauten und Kosmonauten gefragt werden, was sie auf ihrer Fahrt in den Weltraum am meisten beeindruckt hat, so ist regelmäßig zu hören: die Schönheit unseres Planeten. Das leuchtende Blau der Ozeane, die Kontinente, die ohne sichtbare Grenzen, Inseln gleich in diesem Blau ruhen – und die Zartheit der Atmosphäre, die sich wie ein Schleier um die Erde legt. Aus dieser Perspektive betrachtet, erkennt man, wie schön und fragil unser Planet ist. Es ist an uns, im Dialog über alle Grenzen und Disziplinen hinweg, diese Welt – in der Schönheit und Poesie ihrer Vielfalt – für uns neu zu entdecken.

Die Autoren

Kathleen Cravero, zuvor bei UNICEF tätig, ist seit März 2000 Deputy Executive Director des Joint United Nations Programme on HIV/AIDS (UNAIDS). Als Deputy Executive Director unterstützt sie den Executive Director Peter Piot beim allgemeinen Management des UNHCR-Sekretariats und ist verantwortlich für die External Relations und Programme Support Departments.

Ricardo Díez-Hochleitner lehrte nach seiner Promotion in Chemie an der Universität Salamanca zunächst als Dozent in Spanien und Kolumbien. Zahlreiche Ämter folgten: Unter anderem war er Chefplaner des UNESCO-Bildungsplanes, Staatssekretär für Bildung und Wissenschaft in Spanien, Mitglied im Exekutiv-Ausschuss der UNESCO, von 1988 bis 2000 Präsident des Club of Rome. Im Rahmen der EXPO 2000 hatte er den Vorstandsvorsitz des International Advisory Boards inne. Díez-Hochleitner ist Mitinhaber der Tageszeitung „El País" und Mitglied der Weltakademie für Wissenschaft und Kunst.

Maria-Louisa Doronila, Jahrgang 1940, hat Soziologie und Anthropologie studiert und einen Abschluss in Pädagogik. Sie war stellvertretende Präsidentin an der Universität der Philippinen.

Monika Griefahn, geboren 1954 in Mülheim-Ruhr, war nach ihrem Studium der Mathematik und Sozialwissenschaften an den Universitäten Göttingen und Hamburg die erste Kogeschäftsführerin und Aktivistin von Greenpeace Deutschland, von 1983 bis 1990 im internationalen Vorstand von Greenpeace, dann von 1990 bis 1998 niedersächsische Umweltministerin. Im September 1998 wurde sie in den Deutschen Bundestag gewählt. Sie ist stellvertretende Vorsitzende der Deutsch-Französischen Parlamentariergruppe sowie Mitglied der deutschen OSZE-Parlamentarierdelegation und Vorsitzende des Ausschusses für Kultur und Medien.

Rhan Gunderlach, geboren 1961 in Südkorea, kam mit fünf Jahren nach Deutschland. Nach ihrem Studium begann sie 1986 als Fernsehjournalistin in München und arbeitete später für verschiedene Fernsehsender, darunter SFB, MDR, SAT1, ARD und 3SAT. Als Kulturjournalistin drehte sie zahlreiche Filme, z. B. über die documenta 10 sowie über die Salzburger und Wiener Festspiele. Für den Sender SFB Multikulti war Rhan Gunderlach als Moderatorin tätig. 2000 wurde sie Pressesprecherin bei der EXPO 2000, wo sie für den Bereich Themenpark, weltweite Projekte und Global Dialogue zuständig war. Derzeit ist sie als PR- und Medienberaterin tätig.

Andreas J. Harbig, geboren 1955, studierte Sprach- und Literaturwissenschaften in Göttingen und Santa Barbara/USA. Nach einem weiteren Jahr des Studiums der Waldorf-Pädagogik in Stuttgart begann er 1984 seine berufliche Laufbahn als Projektmanager bei Condor in Frankfurt. Es folgten Beratungsprojekte für Reebok, Proctor & Gamble und Siemens, ein parallel dazu absolviertes Aufbaustudium im Bereich interkulturelles Management und Konfliktmanagement in Cambridge/USA sowie mehrere Jahre Organisations- und Personalentwicklung bei Gemini Consulting in Bad Homburg. 1996 übernahm Andreas J. Harbig den Aufbau und die

Leitung des Bereichs Strategisches Human Resources Management bei der Veba AG in Düsseldorf. Seit 1999 ist er Leiter des Strategischen Personalmanagements bei PricewaterhouseCoopers in Frankfurt. Außerdem war er von 1992 bis 1996 Vizepräsident der SIETAR Europa (Society for Intercultural Education Training and Research) und ist seit 1997 Mitglied im INSEAD Advisory Committee for Management Education.

Laila Iskandar Kamel, beratend tätig für UNESCO, USAID und UNDP, hat Wirtschaft, politische Wissenschaften und Business in Kairo und International Education Development in Berkeley und an der Columbia University studiert. Sie ist derzeit Geschäftsführerin der NGO Community and Institutional Development (CID) mit Sitz in Ägypten.

Günter Kehrer, Jahrgang 1939, bezeichnet sich selbst als Atheist, hat Soziologie, Geschichte und Statistik studiert und ist Professor für Religionswissenschaft und Religionssoziologie an der Universität Tübingen.

Manfred Kern, seit 1984 in der biologischen Forschung tätig, hat Zoologie, Physiologie, Biochemie, Mikrobiologie und Genetik studiert. 1982 promovierte er in Mainz und der Southern Methodist University Dallas, Texas. Für die Hoechst AG und AgrEvo arbeitete er vor allem auf den Gebieten Pflanzenschutz, Insektenphysiologie/Pharmakologie, gentechnisch veränderte Pflanzen. 1998/99 Leiter der Gruppe Scientific Communication und Integrierter Pflanzenschutz bei AgrEvo, seit Anfang 2000 leitet Kern die Global Technology Communication in der Einheit Technology Strategy & Resources von Aventis CropScience in Frankfurt.

Ulrich Klotz, Jahrgang 1948, studierte Elektrotechnik und Informatik an der TU Berlin. Nach Forschungs- und Entwicklungsarbeiten in der Computerindustrie und im Werkzeugmaschinenbau, als Innovations- und Technologieberater in BMFT-Projekten (Bundesministerium für Bildung, Wissenschaft, Forschung und Technologie) sowie nach einer Forschungs- und Lehrtätigkeit als Oberingenieur im Bereich Arbeitswissenschaft der TU Hamburg-Harburg ist er seit 1987 im Vorstand der IG Metall (Wirtschaft, Technologie, Umwelt) tätig, und zwar mit dem Arbeitsschwerpunkt Informationsökonomie/Informationsgesellschaft, Unternehmensmodelle und Arbeitsformen der Zukunft.

György Konrád, geboren 1933 in Ungarn, verlor während der Nazi-Herrschaft einen großen Teil seiner jüdischen Familie. Nach seinem Studium der Literatur, Soziologie und Psychologie in Budapest verfasste er – neben seiner Arbeit als Soziologe am Budapester Institut für Städtebau – in den sechziger Jahren erste Essays. 1969 erschien sein Romandebüt „Der Besucher“ (1973 ins Deutsche übersetzt). Nach der Herausgabe des Essays „Die Intelligenz auf dem Weg zur Klassenmacht“ folgten Arbeitsplatzverlust und eine Verhaftung, was weltweite Proteste auslöste. Wegen heftiger politischer Angriffe und langjähriger Publikationsverbote im kommunistischen Ungarn hielt sich Konrád zeitweilig im Ausland auf, unter anderem als DAAD-Stipendiat in Berlin und Fellow des Wissenschaftskollegs Berlin. 1990 bis 1993 war er Präsident, seit 1993 ist er Vizepräsident des Internationalen PEN, seit 1997 außerdem Präsident der Akademie der Künste. 1991 wurde Konrád mit dem Friedenspreis des Deutschen Buchhandels geehrt.

Smitu Kothari, Physiker und Mathematiker, ist einer der führenden intellektuellen Aktivisten Indiens und einer der Gründer von Lokayan, einem Zentrum, das 1986 für seine Arbeit zur Förderung des aktiven Austausches zwischen parteiunabhängigen politischen Organisationen, die sich um ökologische, kulturelle und Menschenrechts-Angelegenheiten kümmern, den alternativen Nobelpreis erhielt, den Right Livelihood Award.

Ruud Lubbers, eig. Rudolphus (Ruud) Franciscus Marie Lubbers, geboren 1939 in Rotterdam, besuchte das Canisius-College in Nimwegen und studierte Wirtschaftswissenschaften an der Netherlands School of Economics. Von 1973 bis 1977 war er Wirtschaftsminister, von 1982 bis 1989 Premierminister der Niederlande. 1994 zog sich Lubbers aus der nationalen Politik zurück. Seit 2002 ist er Hoher Flüchtlingskommissar der Vereinten Nationen (UNHCR).

Sir Robert May, ausgebildet in theoretischer Physik und angewandter Mathematik und von 1969 bis 1973 Professor für Physik an der Sydney University, hatte von 1973 bis 1988 einen Lehrstuhl für Zoologie an der Princeton University inne. Danach wechselte er als Präsident an die British Ecological Society, heute steht er in derselben Funktion der British Royal Society vor. In den vergangenen 20 Jahren hat er verschiedene Aspekte der Bevölkerungs- und Gemeinschaftsstrukturen und deren Reaktionen auf natürliche und von Menschen verursachte Änderungen untersucht.

Wangari Muta Maathai, geboren 1940 in Kenia, promovierte Biologin, ist seit 1976 im National Council of Women of Kenya aktiv und war von 1981 bis 1987 deren Vorsitzende. Mit Hilfe des Councils setzte sie ihre Idee, Bäume anzupflanzen, um und entwickelte dies zu einer breit angelegten Grassroots-Bewegung, deren Ziel es ist, die Umwelt zu erhalten und die Lebensqualität von Frauen zu verbessern. Bis Ende 1993 hatten die Frauen auf ihren Farmen über 20 Millionen Bäume angepflanzt. In den letzten Jahren konzentrierte sich Wangari Maathais Arbeit auf die Menschenrechtssituation in Kenia. Sie setzt sich für ein demokratisches und multiethnisches Kenia ein. Wangari Maathai wurde 1984 mit dem alternativen Nobelpreis, dem Right Livelihood Award, ausgezeichnet.

Christine M. Merkel, Jahrgang 1955, Historikerin und Psychologin, ist Referentin für Kultur und Kommunikation/Information der Deutschen UNESCO-Kommission in Bonn. Neben ihrem beruflichen Einsatz unter anderem für das Europaparlament (Außen- und Sicherheitspolitik) und transnationale Organisationen der Zivilgesellschaft wie das Studienzentrum El Taller/Tunis sowie wissenschaftlichen Beiratstätigkeiten für die Berghofstiftung, die Heinrich-Böll-Stiftung, die Deutsche Stiftung für Internationale Entwicklung oder das Euro-Mediterrane Menschenrechtsnetz publizierte sie zu den Themen Demokratieentwicklung, Konfliktbearbeitung und Lerngesellschaft.

Walter L. Rothschild, geboren 1954 in Bradford, England, stand nach seinem Rabbinerstudium am Londoner Leo Baeck College seit 1984 verschiedenen Gemeinden vor. Seit 2001 ist er freiberuflicher Rabbiner und Dozent.

Richard Schröder, Jahrgang 1943, war nach dem Studium der Theologie und Philosophie ab 1973 Pfarrer in Wiederstedt/Harz, ab 1977 Dozent für Philosophie an den kirchlichen Hochschulen in Berlin und Naumburg. 1990 wurde er Mitglied der frei gewählten Volkskammer und danach des Bundestags. Seit 1993 ist er Professor für Philosophie und systematische Theologie an der Humboldt-Universität zu Berlin, deren erster Vizepräsident er 1998 bis 2000 war, und Verfassungsrichter im Land Brandenburg.

Bassam Tibi, geboren 1944 in Damaskus, hat Sozialwissenschaften, Philosophie und Geschichte in Frankfurt/Main studiert. Seit 1973 ist er Professor für internationale Beziehungen an der Universität Göttingen. Bis Ende 2000 hatte er eine Forschungsprofessur in Harvard inne. Er hat zahlreiche Texte zum Thema Islam veröffentlicht.

Jakob von Uexkull, 1944 in Uppsala, Schweden, geboren und Enkel des Biologen Jakob Johann Baron von Uexkull, besuchte dort und in Deutschland die Schule. Danach erhielt er ein Stipendium für das Christ Church College in Oxford, wo er seinen M.A.-Abschluss in Politikwissenschaften, Philosophie und Wirtschaftswissenschaften machte. 1980 gründete er die Stiftung für verantwortungsbewusste Lebensführung, deren Auszeichnungen als alternative Nobelpreise, die Right Livelihood Awards, bekannt wurden. Prämiert werden alljährlich Personen oder Projekte, die „an beispielhaften Lösungen zu den Problemen unserer Zeit" auf den Gebieten Ökologie, Menschenrechte, Friedenssicherung und Entwicklungshilfe arbeiten.

Fritz Vahrenholt, promovierter Chemiker, war von 1991 bis 1997 Umweltsenator (SPD) der Hansestadt Hamburg. Ab 1997 im Vorstand der Deutschen Shell AG, wechselte er im Mai 2000 in deren Aufsichtsrat. Seit 2001 ist er Vorstandsvorsitzender der REpower Systems AG. Als Mitglied des Nachhaltigkeitsrats berät er den Bundeskanzler.

Joachim Wanke, geboren 1941 in Breslau, studierte katholische Theologie in Erfurt. 1966 wurde er zum Priester, 1980 zum Bischof geweiht. Seit 1994 ist er Bischof des neu gegründeten Bistums Erfurt. Er ist Mitglied der Kommission der Ökumene sowie Vorsitzender der Pastoralkommission der Deutschen Bischofskonferenz und war von 1995 bis 2001 Vorsitzender der Arbeitsgemeinschaft Christlicher Kirchen in Deutschland.

Die ValueReporting Revolution

Neue Wege in der kapitalmarktorientierten Berichterstattung

Bisher beschränkte sich die Finanzberichterstattung von Unternehmen im Wesentlichen auf die retrospektive Darstellung der wirtschaftlichen Situation durch Jahres- oder Quartalsabschlüsse. Doch am Fehlen wertrelevanter Aussagen, die für die Beurteilung der mittel- und langfristigen Entwicklung eines Unternehmens erforderlich sind, wird vermehrt Kritik geübt. Zudem wird es immer wichtiger, den Informationsbedarf aller Stakeholder zu befriedigen, um bei ihnen ein Vertrauensverhältnis aufzubauen und langfristig von einem positiven Image zu profitieren.

Der neue ValueReporting-Ansatz nimmt diese Herausforderung mit dem Ziel auf, die Wertetreiber eines Unternehmens zu identifizieren und angemessen zu kommunizieren. Mit der Ergänzung der reinen Finanzdaten um Informationen wie Kundenzufriedenheit, Markenwert und Langfriststrategie wird eine völlig neue Form der Transparenz geschaffen.

Das Buch richtet sich an Vorstände, Geschäftsführer und Investor-Relations-Verantwortliche und beschreibt, wie die neuen Wege der Finanzkommunikation von ihnen beschritten werden können.

ISBN 3-527-50005-7

Building Public Trust

The Future of Corporate Reporting

Das öffentliche Vertrauen in die Verantwortlichen für die Inhalte und Qualität der Unternehmensberichterstattung ist in seinen Grundfesten erschüttert. Investoren und andere Stakeholder verlangen deutlich größere Transparenz und effizientere Prozesse. Vier Schlüsselideen, die auf drei zentralen Themen basieren, weisen den Weg dorthin.

Offenheit, Überprüfbarkeit und individuelle Integrität müssen als Kernthemen in die Unternehmensberichterstattung einfließen. Sie sind das Leitmotiv für das Three-Tier Model of Corporate Transparency (global akzeptierte Bilanzierungsstandards, branchenbezogene Standards, unternehmensspezifische Informationen), die Corporate Reporting Supply Chain (Unternehmensvertreter, Aufsichtsräte, Analysten, Informationsvermittler u. s. w.), für XBRL als internetbasierten Technologie-Standard, der die Qualität und Geschwindigkeit der Berichterstattung verbessern wird, und für die Rolle der Wirtschaftsprüfer beim Schließen der Erwartungslücke, also dem, was sie jetzt leisten können, und dem, was künftig von ihnen erwartet wird. Dieses Buch leistet einen wichtigen ersten Schritt zur Reform der Unternehmensberichterstattung und der Rückgewinnung des Vertrauens der Investoren.

ISBN 0-471-26151-3

Globalisierung neu denken

Im selben Verlag erschienen:

Boutros Boutros-Ghali: Hinter den Kulissen der Weltpolitik.

Die UNO – wird eine Hoffnung verspielt? Bilanz meiner Amtszeit als Generalsekretär der Vereinten Nationen.

discorsi, Hamburg 2000
416 Seiten inkl. Register, Leineneinband mit Schutzumschlag
€ 29 / SFr 47

ISBN 3-9807330-0-9

Beziehbar über den Buchhandel oder direkt vom Verlag:

Boutros Boutros-Ghali: Wider die Tyrannei der Dringlichkeit.

Die Agenden für Frieden, Entwicklung und Demokratisierung.

discorsi, Hamburg 2001
236 Seiten inkl. Register, Broschur, Digitaldruck
€ 18 / SFr 28

ISBN 3-9807330-1-7